THÉ VERT

Design graphique : Ann-Sophie Caouette
Traitement des images : Mélanie Sabourin
Rédaction : Jonathan Racine
Illustrations : Marie Bilodeau
Photos : Maison de thé Camellia Sinensis
Photos des pages 73, 89, 93, 109, 111, 113, 115, 118-119,
130-131 : Olivier Hanigan

DISTRIBUTEURS EXCLUSIFS :

Pour le Canada et les États-Unis :
MESSAGERIES ADP*
2315, rue de la Province
Longueuil, Québec J4G 1G4
Téléphone : 450-640-1237
Télécopieur : 450-674-6237
Internet : www.messageries-adp.com
* filiale du Groupe Sogides inc.,
  filiale de Québecor Média inc.

Pour la France et les autres pays :
INTERFORUM editis
Immeuble Paryseine, 3, allée de la Seine
94854 Ivry CEDEX
Téléphone : 33 (0) 1 49 59 11 56/91
Télécopieur : 33 (0) 1 49 59 11 33
Service commandes France Métropolitaine
Téléphone : 33 (0) 2 38 32 71 00
Télécopieur : 33 (0) 2 38 32 71 28
Internet : www.interforum.fr
Service commandes Export – DOM-TOM
Télécopieur : 33 (0) 2 38 32 78 86
Internet : www.interforum.fr
Courriel : cdes-export@interforum.fr

Pour la Suisse :
INTERFORUM editis SUISSE
Case postale 69 – CH 1701 Fribourg – Suisse
Téléphone : 41 (0) 26 460 80 60
Télécopieur : 41 (0) 26 460 80 68
Internet : www.interforumsuisse.ch
Courriel : office@interforumsuisse.ch
Distributeur : OLF S.A.
ZI. 3, Corminboeuf
Case postale 1061 – CH 1701 Fribourg – Suisse
Commandes :
Téléphone : 41 (0) 26 467 53 33
Télécopieur : 41 (0) 26 467 54 66
Internet : www.olf.ch
Courriel : information@olf.ch

Pour la Belgique et le Luxembourg :
INTERFORUM BENELUX S.A.
Fond Jean-Pâques, 6
B-1348 Louvain-La-Neuve
Téléphone : 32 (0) 10 42 03 20
Télécopieur : 32 (0) 10 41 20 24
Internet : www.interforum.be
Courriel : info@interforum.be

08-12

Dépôt légal : 2012
Bibliothèque et Archives nationales du Québec

ISBN 978-2-7619-3409-1

Gouvernement du Québec – Programme de crédit
d'impôt pour l'édition de livres – Gestion SODEC –
www.sodec.gouv.qc.ca

L'Éditeur bénéficie du soutien de la Société de développement des entreprises culturelles du Québec pour
son programme d'édition.

 Conseil des Arts   Canada Council
du Canada   for the Arts

Nous remercions le Conseil des Arts du Canada de l'aide
accordée à notre programme de publication.

Nous reconnaissons l'aide financière du gouvernement
du Canada par l'entremise du Fonds du livre du Canada
pour nos activités d'édition.

MAISON DE THÉ CAMELLIA SINENSIS

THÉ VERT

À LA RENCONTRE D'UN ART MILLÉNAIRE

LES ÉDITIONS DE L'HOMME

Une société de Québecor Média

TABLE DES MATIÈRES

PRÉFACE

J'aime le thé pour l'introspection à laquelle il m'invite quand je le déguste seul, isolé du tumulte de nos vies modernes. Petit moment de plaisir aisément accessible à n'importe quelle heure de la journée, la dégustation de thé a toujours rythmé mes journées au travail.

J'aime le thé partagé avec d'autres, quand il devient un moment de complicité, de solidarité et d'épicurisme. Quel plaisir de voir le bonheur éclairer le visage de mes invités à la découverte d'un nouveau thé ou d'un bol à la patine lentement élaborée par le passage du temps ! Plusieurs de mes collègues, chirurgiens ou chercheurs, en ont fait un agréable rituel qui leur permet de souder des affinités professionnelles et personnelles, en partageant un plaisir commun.

Comme le vin ou le chocolat, le thé est associé de près à l'évolution de l'humanité et à sa quête incessante de plaisirs et de bien-être. Produit du terroir et de l'ingéniosité humaine, il révèle une incroyable diversité de sensations organoleptiques : saveurs, textures, couleurs et longueur en bouche.

Le thé n'est pas que délicieux : par la beauté des objets que nécessite sa préparation, il nous permet de vivre des moments de beauté, de contemplation et de méditation. J'aime tous les objets nécessaires à ce sympathique rituel. Leur sobriété intrinsèque et la noblesse des matériaux qui les composent — le bambou, le bois, la laque, les glaçures, toutes plus extraordinaires les unes que les autres — sont source de recueillement esthétique. Les seuls noms des poteries sont déjà des voyages : Bizen, Hagi, Shino, Shigaraki, Raku, Karatsu.

Je laisserai un grand maître de thé de l'école Urasenke, Soshitsu XV, conclure mieux que je ne saurais le faire : « Je vois toute la nature représentée dans cette couleur verte. En fermant les yeux, je trouve des montagnes verdoyantes et de l'eau pure à l'intérieur de mon cœur. Dans ce silence, assis seul, buvant ce thé, je sens que cela devient une partie de moi. En partageant ce thé avec d'autres, eux aussi ne font plus qu'un avec lui et la nature. »

Richard Béliveau
Docteur en biochimie, spécialisé en cancérologie.

INTRODUCTION

Depuis nos premières explorations en Asie, à la recherche de nouveaux terroirs, notre connaissance du monde du thé a grandement évolué. D'une année à l'autre, en sillonnant les sentiers de jardins éloignés, au contact d'artisans passionnés et habiles, notre approche s'est personnalisée.

Au début de cette aventure, nous nous étions donné comme mission d'introduire la culture et le goût du thé dans notre vie moderne. Maintenant que les premiers pas ont été faits grâce à notre premier livre, *Thé. Histoire, Terroirs, Saveurs*, nous aimerions partager une vision plus intime de ce monde savoureux.

Chaque famille de thé possède ses mystères et nous avons choisi de plonger dans le monde des thés verts pour en faire surgir les nuances, son esprit et ses horizons. Au moyen d'entrevue et de récits, nous vous dévoilons ici notre parcours, nos impressions et nos plus récentes découvertes.

Bon voyage au cœur du thé vert !

Hugo, Jasmin, François, Kevin
et l'équipe de la Maison de thé Camellia Sinensis

LE PRINTEMPS DES THÉS VERTS

Au moment où les premiers signes du printemps annoncent une renaissance dans les plantations, une grande fébrilité est perceptible chez les producteurs de thé. Car, lorsque les théiers se réveillent, revigorés par la nouvelle saison, leurs nouvelles pousses sont gorgées de substances aromatiques.

Pour la production des thés verts, ces premières pousses sont d'un grand intérêt. Leurs arômes floraux et végétaux se révèlent à chaque inspiration, la forte concentration des huiles essentielles rend la liqueur soyeuse, et leurs tanins sont juste assez présents pour soutenir et équilibrer cette liqueur.

Mais, pour bénéficier de toutes ces qualités, les feuilles doivent être récoltées au bon moment. Les producteurs sont donc sur le qui-vive, guettant les moindres soubresauts climatiques, analysant régulièrement la croissance des théiers.

Lorsque enfin les jeunes feuilles sont prêtes et que les conditions sont favorables, la cueillette devient une véritable course contre la montre. Toutes ces feuilles doivent être récoltées en quelques jours seulement. C'est pourquoi, au cours de cette période, les producteurs engagent beaucoup d'employés. Des milliers de cueilleuses migrent alors dans les régions productrices de thé.

Le jour inaugural des récoltes varie d'une année à l'autre. En Chine, les premières cueillettes ont généralement lieu en mars, avant la fête de Qing Ming (« fête des Morts ») qui est célébrée aux alentours du 5 avril. Dans les provinces du sud, les cueillettes peuvent commencer dès février.

Au Japon, les premières récoltes de thé de l'année portent le nom de *shincha*, « nouveau thé ». Elles ont lieu dès la fin d'avril, selon les aléas de la météo. Ces nouveaux thés, objets de nombreuses festivités, s'intègrent aux importants rites qui marquent le renouveau printanier. Ces rites reflètent le goût des Japonais pour la fraîcheur et l'éclatante expression végétale de leurs thés verts.

La période de récolte des thés de printemps s'étend sur trois ou quatre semaines au cours desquelles plusieurs cueillettes ont lieu à quelques jours d'intervalle. Bien que celles du printemps ne soit pas nécessairement synonyme de qualité, au Japon et en Chine la première cueillette est la plus prestigieuse.

FIXER LE VERT

Ils sont faits de feuilles entières, brisées, roulées, aplaties, petites ou grandes, hachées, en poudre ou «en aiguilles de pin». En les infusant, on découvre toutes les nuances entre le jaune pâle et le vert épinard. Certains, presque transparents, évoquent les fleurs des champs; d'autres goûtent la mer, les algues, les herbes fraîches, les légumes verts. Ils sont légers, doux, souriants, rafraîchissants, comme ils peuvent être mordants, aigus, vifs, amers. Leurs personnalités sont multiples, mais ils appartiennent tous à la famille des thés verts.

Un thé vert se compose de feuilles de thé non oxydées. Or, dès qu'on cueille une feuille de théier, elle commence à se flétrir. Sa nature se transforme, ses pigments passent lentement du vert au brun, ses composés s'oxydent.

Pour éviter ce phénomène naturel, les producteurs de thé vert ont recours, dans les heures qui suivent la cueillette, à un procédé qui consiste à chauffer les feuilles pour neutraliser les enzymes responsables de l'oxydation.

Ce procédé – la dessiccation – provoque des réactions chimiques qui modifient les sucres et les protéines contenus dans la feuille, tout en en augmentant les tanins.

Il existe principalement deux méthodes de dessiccation, l'une propre à la Chine et l'autre, au Japon. Voyons comment ces savoir-faire ancestraux produisent des thés très différents quant au goût et à l'apparence des feuilles.

CHINE

La méthode de dessiccation chinoise, très ancienne, exige une cuve métallique chauffée sur un feu de bois ou à l'électricité. On y met les feuilles et on les remue manuellement, selon un mouvement répétitif, pendant une vingtaine de minutes.

Différentes techniques sont employées pour imprimer une forme aux feuilles. Pour obtenir des feuilles plates, par exemple, on les compresse au fond de la cuve un instant avant de les remuer, dans un mouvement d'aller-retour, pour éviter qu'elles brûlent. Si on désire un thé vert aux feuilles frisées, on les roule entre ses mains tout en les remuant constamment.

Puisque cette méthode ne permet que de transformer de petites quantités de feuilles, elle est désormais réservée aux thés verts haut de gamme. Pour les récoltes plus abondantes, les feuilles sont remuées mécaniquement, à l'aide de cylindres rotatifs, et sont soumises à plusieurs chauffages successifs.

Cette chaleur sèche, propre à la méthode de dessiccation chinoise, permet de conserver les parfums floraux et procure au thé un caractère végétal parfois relevé par des notes de noisette grillée.

JAPON

Lorsque la culture du thé apparut au Japon vers la fin du XIIe siècle, les méthodes de transformation étaient semblables à celles pratiquées en Chine à la même époque. Il reste encore certains vestiges de cette tradition, notamment pour le Kamairicha qui est toujours transformé selon la méthode chinoise. Sinon, la méthode de dessiccation des thés verts japonais diffère de la méthode chinoise.

C'est en 1738 que Soen Nagatani met au point une méthode de dessiccation à la vapeur qui révolutionne la transformation des thés verts, créant notamment les thés de type sencha. En soumettant les feuilles à des jets de vapeur d'eau chaude pendant quelques dizaines de secondes, cette méthode a permis d'élaborer des thés verts qui, par leur goût et leur apparence, se distinguent des thés verts chinois.

En plus de conserver au thé son aspect végétal qui rappelle l'herbe fraîche, la dessiccation à la vapeur lui procure des arômes de légumes verts soutenus par des notes iodées et marines, typiques du terroir japonais.

CHINE

En Chine, la diversité des thés verts est phénoménale, voire déconcertante. Des siècles de culture ont permis d'en diversifier la palette aromatique. De l'amertume des petites feuilles torsadées au doux parfum des feuilles d'exception, le thé vert s'y décline en plus de mille variétés.

Vendu dans la rue, en vrac ou dans des emballages luxueux, bu par les paysans comme par les hommes du gouvernement, le thé fait partie de la vie quotidienne des Chinois depuis des lustres et reste la boisson la plus consommée dans ce pays.

Pour nous qui explorons chaque année de nouvelles régions productrices de thé vert, la Chine est une source inépuisable de découvertes. Chaque région possède sa spécialité et chaque artisan, sa méthode. Les grands crus sont nombreux et légendaires. Bi Luo Chun, Long Jing Shi Feng, Tai Ping Hou Kui – voilà des thés issus d'une riche et longue histoire. Les Chinois en sont fiers et la demande pour des thés verts d'exception est de plus en plus forte. Des centres de recherche sont fondés pour développer de nouvelles techniques de culture. On défriche des montagnes pour augmenter la superficie des jardins. De nombreux thés verts issus de nouveaux cultivars, tels l'Anji Bai Cha ou le Jingning Bai Cha, font leur apparition. La production augmente chaque année et l'intérêt pour ces nouveaux crus ne se dément pas. Le thé vert, en Chine, est extraordinairement vivant.

LA PRATIQUE CHINOISE DU THÉ VERT

Dans les immenses gares de Chine, des réservoirs d'eau chaude sont mis à la disposition des voyageurs qui peuvent ainsi remplir, facilement et gratuitement, leurs bouteilles à thé et leurs énormes thermos.

En plus de démontrer à quel point le thé est intégré aux mœurs chinoises, cette particularité culturelle révèle aussi que, dans la vie de tous les jours, les Chinois ne portent guère attention à la préparation du thé vert. Quelques feuilles dans un verre ou une bouteille, de l'eau bouillante versée directement sur elles, et plusieurs infusions auront lieu tout au long de la journée.

Les origines de cette approche «en toute simplicité» remontent jusqu'aux moines bouddhistes et taoïstes, qui furent les premiers à cultiver et à consommer le thé pour ses vertus stimulantes. Tout naturellement, l'acte de boire le thé s'est accordé à l'esprit d'humilité et de calme propre à la méditation. Sans nécessairement accorder au thé une valeur spirituelle propre, les moines découvrirent néanmoins que ce rituel pouvait favoriser le partage des valeurs de paix, de tranquillité, de plaisir et de vérité.

Nous pouvons trouver aujourd'hui, dans la pratique chinoise du thé, des sentiments similaires. Boire du thé, pour n'importe quel amateur chinois, est naturellement associé aux sentiments de spontanéité et d'insouciance naturelle propres à l'esprit du Tao. Par conséquent, on ne trouve pas une cérémonie aussi codifiée que peut l'être la cérémonie japonaise.

Cela dit, il existe tout de même dans ce pays une pratique du thé plus développée. Dans les maisons de thé chinoises, par exemple, l'art de servir le thé continue de jouer un rôle social important. Dans les boutiques de thé, une personne est souvent responsable de la préparation de la boisson. Avec des mouvements étudiés et fluides, les infusions sont faites avec le plus grand soin.

De nombreux concours de préparation du thé ont lieu chaque année lors de festivals ou d'événements spéciaux. Les participants, presque exclusivement des femmes, sont jugés sur la grâce de leurs gestes, l'attitude, la beauté et le raffinement de leur présentation. Ces concours comprennent habituellement deux pratiques, le *gong fu cha* et l'infusion en *gaiwan* (voir « Préparation du thé en *gaiwan* » p. 162), couramment employées par les amateurs.

À LA RECHERCHE DU TAI PING HOU KUI

Tout dégustateur de thé rêve de découvrir un jour, dans une région reculée, une plantation pratiquement inaccessible, où serait produit un thé exceptionnel. La découverte du Tai Ping Hou Kui fut pour nous une expérience de cette envergure.

Il figurait sur notre liste des « thés à trouver » depuis nos premières explorations. Nous connaissions sa province de production, mais nos recherches demeuraient infructueuses. Lorsque nous avons enfin su où aller, par l'entremise de M. Xie, producteur de Huang Shan Mao Feng, nous avons compris pourquoi nous n'avions pu le trouver : aucune route ne mène aux plantations !

À partir de chez M. Xie dans la magnifique province d'Anhui, il faut voyager sur des chemins de campagne avant de faire halte au bord d'une rivière. La suite du périple se fait en bateau.

L'eau de la rivière est calme et reflète les majestueux monts Huang Shan qui l'entourent. Après avoir navigué une heure dans ce paysage éblouissant, nous atteignons le terroir du Tai Ping Hou Kui, l'un des plus beaux sites que nous avons eu la chance de visiter au cours de nos explorations. Les quelques jardins de thé au bord de la rivière resplendissent d'un vert impérial.

M. Ye, le producteur que nous y avons rencontré, appartient à une lignée qui cultive le thé depuis cinq générations. Les théiers de ses jardins ont été plantés par ses ancêtres. Comme les autres familles du village, M. Ye travaille dans une petite fabrique derrière sa maison. Il produit un thé qui se distingue par ses feuilles aplaties d'une longueur moyenne de six centimètres. Pour parvenir à cet étonnant résultat, M. Ye emploie une méthode de transformation artisanale qui nous a complètement ébahis.

UNE TRANSFORMATION ARTISANALE

Le cultivar utilisé pour la production de ce thé possède de grandes feuilles qui sont cueillies et sélectionnées rigoureusement. Comme pour d'autres grands crus, seuls le bourgeon terminal et les deux feuilles suivantes sont utilisés. Mais, pour le Tai Ping Hou Kui, on doit attendre que les feuilles soient un peu plus matures.

Après la cueillette, les feuilles sont triées, puis envoyées à la dessiccation qui est faite manuellement. On remue les feuilles dans la cuve pendant environ cinq minutes.

L'étape suivante, le roulage, consiste à disposer les feuilles, une à une, sur un grillage métallique de façon qu'aucune ne se touche. On dépose un second grillage par-dessus les feuilles, et ces grillages sont placés sur une table en bois. On applique ensuite un linge de coton sur le cadre, puis, d'un geste vif et bref, on y passe un rouleau.

On laisse les feuilles à l'intérieur de ce cadre pour le séchage final, au-dessus d'un feu de bois. Le séchage est progressif et dure environ une heure.

En raison de cette méthode de transformation entièrement manuelle et de la faible superficie de ce terroir, les thés Tai Ping Hou Kui authentiques sont rares. Même en Chine, il est difficile d'en obtenir. Cette rareté et l'originalité de ses délicats arômes floraux en ont fait un thé que les Chinois ont l'habitude d'offrir en cadeau.

LONG JING, LÉGENDE ET RÉALITÉ
DU PLUS FAMEUX THÉ VERT DE CHINE

Une légende raconte qu'au IVe siècle, au bout de la chaîne de montagnes du Tianmu, où se situe l'actuel village de Long Jing, les habitants trouvèrent une pierre en forme de dragon lors du forage d'un puits. Cette découverte étonna tellement les montagnards qu'ils donnèrent à ce puits le nom de Long Jing, le « puits du Dragon ».

Quelques siècles plus tard, les villageois se cotisèrent pour construire tout près du puits un temple dont la réputation attira de nombreux pèlerins. Cultivé aux alentours pour les besoins des moines, le thé qu'on y servait était très apprécié des visiteurs, qui le baptisèrent du même nom, Long Jing.

Les premières plantations remontent donc à la dynastie Tang (618 – 907). Lu Yu, en 786, dans le premier livre consacré au thé, signale son existence et l'appelle « thé du lac de l'Ouest ». Depuis lors, au fil des siècles, le Long Jing a patiemment acquis de la réputation, jusqu'à devenir le thé le plus fameux de Chine.

Un de nos producteurs, M. Tang, issu d'une lignée de producteurs établis dans le village de Long Jing depuis plus de 300 ans, nous a parlé de l'évolution de la demande au cours du XXe siècle :

« Avant 1949, nous produisions notre thé en fonction des commandes des boutiques des environs. La demande n'était pas très forte. Puis, de 1949 à 1979, le village s'est beaucoup développé. Chaque famille, dont la mienne, a reçu un lopin de terre d'environ cinq *mu* *. C'était la période communiste. Tout ce que produisaient les villageois appartenait à l'État. À compter de 1979, l'État s'est retiré et a laissé les familles s'occuper de la production et de la vente de leur thé selon les lois du marché. Mais ce n'est que depuis la

---

* 0,33 hectare.

fin des années 1990 que la demande de Long Jing a explosé. Les producteurs du village ne suffisent plus à la tâche. Pour exploiter ma terre au maximum, j'ai besoin maintenant de quelques travailleurs saisonniers. Six cueilleuses, qui viennent pour la plupart de l'extérieur du village, et monsieur Min, spécialiste de la dessiccation, m'aident pendant la haute saison. »

À Long Jing, il est facile de constater à quel point la réputation du village et de son fameux thé attire les amateurs. Pendant la belle saison, des milliers de touristes chinois et étrangers fréquentent chaque jour les monts escarpés de la région. On trouve aussi, dans les environs de ce village enchanteur, des sentiers de promenade, des sources d'eau, et l'on peut boire le thé chez les familles qui le produisent. Pour quatre dollars environ, on a droit à une bonne quantité de feuilles qui seront encore parfumées après plusieurs infusions.

La popularité de Hangzhou, la ville la plus proche, favorise aussi cet essor touristique. Connaissant la réputation de ce thé légendaire, les amateurs de passage cherchent évidemment à faire des réserves. Pour répondre à cette

demande toujours croissante, les artisans cherchent à produire davantage de thé, mais, comme les forêts qui entourent Long Jing font maintenant partie d'un parc national, ils ne peuvent déboiser les montagnes pour augmenter la superficie des plantations. Le gouvernement effectue même de la surveillance par satellite et condamne à des amendes exemplaires les producteurs qui abattent des arbres. Malheureusement, cette situation favorise la contrefaçon. D'importantes récoltes faites à Wuniuzao, une ville du sud du Zhejiang, sont envoyées à Long Jing pour y être transformées et vendues comme s'il s'agissait de thé Long Jing d'origine. Les imitations provenant d'autres provinces sont aussi nombreuses. Dans le Sichuan, par exemple, des producteurs de thé vert imitent le style Long Jing et profitent de récoltes plus hâtives pour conquérir une part importante du marché.

Selon M. Tang, un des principaux défis pour le producteur de Long Jing est de maintenir des prix raisonnables. Chose qui, d'après lui, sera de plus en plus difficile à faire. Le prix du Long Jing, déjà plus cher que la plupart des autres thés, ne cesse d'augmenter, et le salaire des travailleurs a doublé ces dernières

De gauche à droite : M. Tang, sa femme et M. Zhang notre traducteur.

années. Pour éviter une hausse considérable des coûts de production, M. Tang a acquis récemment de nouvelles machines conçues pour faire une première dessiccation, ce qui permet de réduire le temps de transformation.

Toutefois, les meilleurs Long Jing sont complètement transformés manuellement. Pour effectuer ce travail délicat, M. Tang fait confiance à M. Min depuis plusieurs années. Ce dernier est responsable de l'étape de la dessiccation pour toute la production. Peu loquace, M. Min est l'un des nombreux travailleurs qui se déplacent vers la côte chaque année pour la saison de production. Comme nous le rencontrons depuis plusieurs années, nous voulions en savoir davantage sur lui-même et sur son travail quotidien.

RENCONTRE AVEC M. MIN, SPÉCIALISTE DE LA TRANSFORMATION DU LONG JING
Êtes-vous originaire de Long Jing ?
Non, je viens de la ville de Luan, dans la province d'Anhui.

Pourquoi venez-vous à Long Jing chaque année ?
À Long Jing, le salaire est avantageux. Pour le même nombre d'heures de travail, je gagne environ quatre fois plus qu'à Anhui, et puis je suis logé et nourri. En plus, j'aime être ici, dans les montagnes. C'est tranquille. Le printemps est très agréable.

À quoi ressemble votre horaire de travail ?
Pendant la saison de récolte, je travaille tous les jours, sauf s'il pleut.

Que faites-vous le reste de l'année ?
Je suis ouvrier dans le bâtiment.

Comment avez-vous appris la technique de dessiccation ?
Le père de monsieur Tang m'a enseigné les subtilités de la dessiccation manuelle. J'ai appris la méthode traditionnelle.

Qu'est-ce qui vous plaît le plus dans ce travail ?
L'odeur des feuilles. J'aime aussi le contact des feuilles dans la cuve chaude.

Mis à part le Long Jing, quel est votre thé préféré ?
Mon thé préféré provient d'Anhui, c'est le Huo Shan Huang Ya.

LE HUANG SHAN MAO FENG
ET LA RÉVOLUTION CULTURELLE

Dans la province d'Anhui se trouvent les magnifiques monts Jaunes (Huang Shan), l'une des plus inspirantes régions topographiques de la Chine, avec leurs pics de granite, leurs vieux pins isolés, leurs fameux couchers de soleil, et la «mer de nuages» qui les envahit régulièrement. Les monts Jaunes ont été parcourus par les moines, artistes et esthètes de toutes les époques, qui recherchaient l'illumination, l'inspiration ou la solitude.

On y récolte des feuilles de thé depuis le milieu de la dynastie Ming (1368-1644). À cette époque, ce thé s'appelait Huang Shan Yun Wu, «nuages et brouillard de la montagne Jaune». La création du Huang Shan Mao Feng – «nouveaux bourgeons de la montagne Jaune» – remonte à la fin du XIXᵉ siècle. Ses feuilles délicates, ses subtiles notes végétales, sa liqueur souple et sa finale sucrée en ont fait un classique parmi les thés verts chinois.

Installée sur les petits plateaux de la montagne, la famille de M. Xie, producteur de Huang Shan Mao Feng, a vécu des années bien difficiles avant de connaître le succès. Pour mieux comprendre la situation, nous devons rouvrir un chapitre de l'histoire de la Chine, celui de la Révolution culturelle.

Cette révolution lancée par Mao en 1966 fut une période de grands bouleversements pour le peuple chinois. Un des buts des révolutionnaires était d'éradiquer les valeurs culturelles de la tradition chinoise. Tout ce qui était qualifié de «fameux» ou de «précieux» était désormais considéré comme bourgeois, donc contraire à la philosophie du régime. Dans un tel contexte, la culture du thé n'a pas été épargnée.

Après l'arrivée des communistes au pouvoir, les entreprises privées sont transformées en entreprises d'État. Pour les artisans du thé, les conséquences sont immédiates : la vente de thé à des particuliers est interdite. Le père de M. Xie,

ne pouvant plus vivre de sa production, est forcé d'aller travailler comme enseignant dans une autre province. On cultive toujours du thé dans les monts Jaunes, mais toute la production est standardisée et distribuée à travers le pays.

La Révolution culturelle se termine officiellement en 1976, mais ce n'est qu'au début des années 1980 que la réforme économique met fin au système de production pour l'État. Les jardins de thé sont divisés de nouveau entre les familles de paysans qui peuvent dès lors reprendre possession de leurs terres.

En 1988, pour faire revivre l'héritage de ses ancêtres, M. Xie reconstruit l'usine de thé à Huang Shan. Il reprend possession des jardins de son père et, dans l'esprit familial, cherche à redonner un nouveau souffle au Huang Shan Mao Feng.

La première fois que nous l'avons rencontré en 2004, M. Xie transformait son thé dans une petite fabrique située derrière chez lui, à la main, selon des méthodes traditionnelles. Depuis, l'entreprise a connu une expansion surprenante. La forte demande pour le Huang Shan Mao Feng lui a permis d'augmenter sa production et de construire une nouvelle fabrique moderne, où il travaille maintenant avec son fils. Pour répondre à la demande, il doit même acheter des feuilles provenant des jardins avoisinants pour les transformer dans sa fabrique. M. Xie est aujourd'hui très fier d'avoir sauvé la tradition familiale.

LES SPIRALES DE JADE DU PRINTEMPS

Les « grands crus » sont souvent, avec raison, les premiers thés présentés dans les livres sur le thé. Après avoir séduit les populations locales, parfois pendant des centaines d'années, ils ont conquis les amateurs étrangers et leur rayonnement est immense.

Aborder le monde des thés verts en dégustant un grand cru n'est pas en soi une mauvaise chose, mais, sans une certaine initiation, ses subtilités peuvent échapper au néophyte.

Par exemple, le Bi Luo Chun, thé vert de la province du Jiangsu, peut être particulièrement difficile à apprécier. Ses minuscules feuilles et ses bourgeons couverts de duvet sont renommés pour leur fort « parfum étourdissant[1] ». L'infusion doit être faite très soigneusement, car la puissance aromatique de ces petites feuilles frisées développe rapidement une densité astringente qui peut écraser la fraîcheur végétale. Ainsi, la délicatesse fruitée de sa liqueur peut rapidement s'envoler, laissant l'amateur quelque peu perplexe. Par contre, lorsque son riche et complexe caractère est mis en valeur par des conditions d'infusion idéales, on reconnaît à coup sûr ses qualités qui en font un grand cru. Voilà pourquoi le Bi Luo Chun est le thé le plus célèbre de Chine, après le Long Jing.

Produit en petite quantité lors des premières récoltes du printemps, qui ont habituellement lieu à la fin du mois de mars, le Bi Luo Chun est l'un des rares thés chinois entièrement transformés à la main, selon des méthodes qui ont cours depuis plusieurs siècles.

---

1. Parfum étourdissant : le Bi Luo Chun tire son parfum légendaire de ses feuilles minuscules et de ses innombrables bourgeons. Son ancien nom, Xia Sha Ren Xiang, signifiait d'ailleurs « thé à l'odeur étourdissante ». Mais l'empereur Kang Xi (1661-1722) lui préféra un nom plus élégant, Bi Luo Chun, « spirale de jade du printemps ». Ce thé porte ce nom depuis plus de 300 ans.

Dans les jardins de M. Liu, notre producteur de Bi Luo Chun, les théiers sont cultivés en terrasses, dans une terre sablonneuse, et chaque terrasse comporte de nombreux arbustes éparpillés. Les vieux murs qui soutiennent les terrasses, hérissés d'herbes sauvages, sont faits de pierres. Des arbres fruitiers, comme des abricotiers, poussent aussi dans ces jardins, et des plants d'osmanthe sont plantés à des endroits stratégiques pour que leur parfum détourne les insectes des théiers.

Les feuilles du Bi Luo Chun sont les plus petites feuilles de thé vert que nous avons vues. De ce fait, leur récolte est très exigeante. Une cueilleuse expérimentée ne moissonne que de 300 à 500 grammes de feuilles par jour, ce qui est très peu. L'étape suivante, le flétrissage, s'effectue sur des claies de bambou, et la dessiccation est faite dans des cuves chauffées sur un feu de bois, méthode de plus en plus rare en Chine.

Comme tout est fait à la main, le savoir-faire des artisans est primordial. Pour savoir, par exemple, si les feuilles ont perdu assez d'humidité pour passer à la dessiccation, on en serre une poignée dans ses mains. Si les feuilles restent « en pain », elles ne sont pas prêtes.

Chauffer la cuve au feu de bois exige aussi beaucoup d'expérience. La température doit être rigoureusement contrôlée pendant les 20 à 30 minutes que dure le brassage des feuilles selon un mouvement répétitif. Si la cuve est trop chaude, les feuilles brûlent. C'est pourquoi, pendant la dessiccation, une personne s'occupe d'alimenter le feu adéquatement.

Les plus hauts grades de Bi Luo Chun, entièrement transformés à la main, demeurent exceptionnels en Chine. Pour satisfaire la soif des amateurs, M. Liu produit également des thés plus abordables, comme le Dong Shan, aux feuilles cueillies manuellement, mais transformées mécaniquement.

DONG SHAN ET BI LUO CHUN, UNE COMPARAISON

Le Dong Shan est produit avec des feuilles de théiers provenant des mêmes jardins où pousse le fameux Bi Luo Chun. Partageant le même terroir, ces deux thés sont néanmoins très différents. Comparons-les afin de mieux comprendre la différence entre un grand cru et un thé de tous les jours. La comparaison est injuste, mais éducative…

Tout d'abord, les feuilles du Dong Shan sont uniformes et d'un vert foncé. On n'y observe pas les pointes blanches ni le fin duvet qui caractérisent les nombreux bourgeons du Bi Luo Chun. Cette différence est due en partie à la qualité du matériel végétal utilisé. Alors que, pour le Bi Luo Chun, une grande minutie est apportée au choix des premières feuilles du printemps, période où les

bourgeons sont duveteux, la cueillette du Dong Shan s'effectue un peu plus tard dans la saison. Les feuilles sont alors plus matures et n'ont pas la même apparence ni le même éclat aromatique.

De plus, transformées mécaniquement, les feuilles du Dong Shan subissent une dessiccation plus rapide à une plus forte chaleur, ce qui change leur goût. Au nez, le Dong Shan présente des arômes moins délicats ; et son goût légèrement grillé est typique d'un thé transformé mécaniquement.

Ainsi, chaque thé possède ses qualités. Thé du quotidien ou grand cru, les deux doivent être appréciés pour leur caractère propre.

LE CULTIVAR BAI YE
ET LA BEAUTÉ DU THÉ VERT

Malgré le poids de la tradition, le monde du thé vert évolue très rapidement en Chine. D'ailleurs, les dernières années ont été très mouvementées. Sur le plan de la botanique, de nombreuses expérimentations ont eu lieu pour créer de nouveaux cultivars susceptibles d'offrir un meilleur rendement ou de produire des thés au goût du jour.

Le Bai Ye n° 1 est l'un de ces nouveaux cultivars en vogue. On le cultive depuis les années 1990 seulement, mais déjà sa renommée dépasse largement le comté d'Anji, dans le Zhejiang, où il a été développé. Son nom, qui signifie « feuille blanche », lui a été donné en raison de ses feuilles jaune pâle, presque blanches, pourvues d'une nervure centrale verte.

En le comparant à d'autres théiers, la différence est évidente. Au début de la saison de cueillette, les parcelles plantées de Bai Ye n° 1 se remarquent de loin par leurs reflets dorés. Plus tard dans la saison, lorsqu'elles sont plus matures, les feuilles retrouvent l'éclat vert forêt typique des autres cultivars.

Cette couleur surprenante n'est pas le seul intérêt de ce cultivar. Ses feuilles ont aussi la particularité de produire des infusions moins tanniques, comme c'est le cas notamment pour l'Anji Bai Cha. Avec ses belles feuilles en aiguilles de pin et son goût délicat, l'Anji Bai Cha est vite devenu un thé très populaire. Tellement qu'aujourd'hui les producteurs du nord du Zhejiang ne parviennent plus à répondre à la demande. Chaque année de nombreux producteurs d'autres provinces, cherchant à profiter de cet engouement, défrichent la forêt pour augmenter la superficie des jardins et plantent à leur tour du Bai Ye n° 1 pour produire de l'Anji Bai Cha.

Si, en quelques années seulement, le thé Anji Bai Cha est devenu un incontournable en Chine, c'est aussi en raison de sa belle apparence. En effet, les Chinois sont fascinés par l'aspect esthétique du thé. En plus d'apprécier la forme et la couleur des feuilles, ils sont sensibles à leurs mouvements dans l'eau. Les feuilles qui restent parallèles à la paroi du verre sont les plus recherchées.

Le Bai Ye n° 1 satisfait tellement bien à ces exigences esthétiques que les producteurs ne veulent pas cultiver le Bai Ye n° 2, développé récemment par des chercheurs. Les feuilles de ce dernier cultivar, affirment les producteurs, ne se déploient pas d'une aussi belle manière dans l'eau que celles du Bai Ye n° 1 !

LA POÉSIE DU LUSHAN YUN WU

Ah, qu'il est merveilleux ce thé cueilli avant que la brise aimable
Ait balayé les perles de glace de ses feuilles
Et dont les minuscules bourgeons brillent comme l'or !
Emballé frais encore et son parfum exhalé par la dessiccation,
Sa bonté essentielle a été préservée et rien n'a été gaspillé.
Ce thé était destiné à la cour et à la haute noblesse ;
Comment est-il parvenu à la cabane d'un modeste montagnard ?

Extrait de *Remerciement au censeur impérial Meng pour son présent de thé fraîchement cueilli,*
poème de Lu Tung.

Voilà comment, au IXe siècle, s'exprimait Lu Tung dans l'un des plus célèbres poèmes sur le thé. Celui que l'on surnommait le « fou du thé » – il passait le plus clair de son temps à boire du thé et à réciter des poèmes – a su exprimer merveilleusement sa passion pour ces « minuscules bourgeons ». En Chine, que ce soit pour célébrer la beauté du printemps, la pureté d'une eau de source ou les peines d'une récolte difficile, l'univers du thé a toujours été empreint de poésie.

Si, dans la littérature chinoise, le thé est un thème récurrent, certains thés, comme le Lushan Yun Wu, semblent avoir été la source d'une plus grande inspiration. Cultivé sur le mont Lushan, célèbre pour ses paysages époustouflants et pour le fameux temple Xi Lin, le Lushan Yun Wu a été chanté pour la première fois par Bai Juyi (772-846) dans son poème *Randonnée printanière au temple Xi Lin*.

RANDONNÉE PRINTANIÈRE AU TEMPLE XI LIN

Je suis arrivé au temple Xi Lin à cheval.

Le jour, je suis un mandarin.

Au coucher du soleil, je suis un visiteur de la montagne.

En février, au nord de la montagne Lushan, la neige commence à fondre.

Les bourgeons des théiers éclatent au soleil, la source coule à l'ombre.

Le vent et la terre se réchauffent, les nuages s'accumulent.

Le printemps se disperse entre les dix mille creux et, sur la montagne, s'engage un phénomène vert.

Bai Juyi

Sur le mont Lushan comme ailleurs, les conditions climatiques ne sont pas toujours favorables aux théiers. À l'époque où la production de thé faisait partie du tribut versé à l'empereur, la météo pouvait avoir de terribles conséquences. Aujourd'hui encore, le climat peut être un ennemi redoutable. Dans le poème suivant, Liao Yu évoque le sentiment d'impuissance des paysans devant la nature imprévisible.

BALLADE DU THÉ

D'habitude, la cueillette des feuilles de thé a lieu plus tôt.

Cette année, elle a été retardée.

Avril, et le vent froid souffle encore sur les roches, les nuages gèlent.

Depuis dix jours, on se promène avec un panier vide.

Un jour, il fait beau, on court cueillir les feuilles de thé.

Peu de feuilles à cueillir, la moitié a été mangée par les cochons sauvages.

On soupire et on revient au temple.

On nous informe de l'arrivée d'un visiteur de la ville.

C'est un mandarin muni d'un billet pour cent soixante dan de thé Lushan.

Il est écrit sur le billet que le thé doit être cueilli avant le Gu Yu.

Que le thé doit être d'une belle couleur et d'un parfum subtil comme la fleur d'orchidée.

Délai de trois jours.

Le vieux moine, le teint gris, dit à ses disciples :

« Les feuilles de thé ne sont pas nombreuses, mais je vous laisse le soin d'engager des employés pour la cueillette. »

Liao Yu

Le thé est la boisson des immortels. La littérature chinoise regorge d'exemples où l'on célèbre les vertus du thé, qui augmenterait la longévité humaine. Est-ce son goût, les mystères des lieux de production ou les efforts des paysans qui le cultivent qui lui valent de telles propriétés ? Dans le poème suivant, Sanli Chen (1853-1937) souhaite s'en servir comme panacée.

LE THÉ LUSHAN YUN WU

Vous voyez les théiers dans la montagne Lushan ?
Puisque là-bas il fait froid, les bourgeons ne sortent qu'au mois de mai.

À certains endroits, ni le soleil ni la lune ne parvient.
Les théiers sont nourris par le vent et la terre.

Les moines se blessent aux mollets en cueillant ces feuilles.
En plus de risquer l'attaque d'un tigre ou d'un léopard.

Les moines m'ont donné à boire un thé qui m'a purifié.
Une cuillère, un bol, et je me sens immortel.

J'ai le désir d'en apporter avec moi, pour l'infuser
Avec l'eau des sources des quatre océans.

Avec cette infusion, je serai protégé des blessures.
Contre le froid en hiver et la chaleur en été.

Sanli Chen

Ces quelques poèmes prouvent que le thé Lushan Yun Wu inspire aux Chinois une profonde et insaisissable fascination. Son goût, ses vertus et ses mystères suscitent une poésie bien ancrée dans le réel. Avec lui, les poètes voyagent dans l'« ici et maintenant » et laissent des traces dans la mémoire des amateurs de thé.

L'EXCEPTION DU LU AN GUA PIAN

Les Chinois sont un peuple accueillant et généreux. Nous l'avons constaté une fois de plus avec M. Cheng, un producteur de Huo Shan Huang Ya de la province d'Anhui. Désirant nous aider dans nos recherches, il a tenu à nous emmener dans un village où vit un producteur de Lu An Gua Pian.

La route menant aux jardins de Lu An Gua Pian sillonne les collines de la chaîne Dabie Shan, bordée de forêts de bambous, de petits villages et de lacs magnifiques. Charmés par ces paysages, nous sommes fébriles à l'idée de découvrir le terroir d'où est issu l'un des dix plus fameux thés de Chine, et curieux de rencontrer les artisans.

À notre arrivée, la haute saison bat son plein et les théiers resplendissent sous un soleil radieux. Après un accueil chaleureux, M. Deng, producteur de Lu An Gua Pian, nous propose une promenade dans les jardins, où de nombreuses cueilleuses s'activent.

Il nous arrive souvent, au cours de nos voyages, d'être impressionnés par l'originalité de certaines techniques de culture et de transformation, mais celles utilisées pour la production du Lu An Gua Pian sont parmi les plus surprenantes.

Habituellement, pour la production des thés verts haut de gamme, on ne cueille que le bourgeon terminal et une feuille. En ce qui a trait au Lu An Gua Pian, au lieu de cueillir les plus jeunes pousses, on ne récolte que les cinq à huit feuilles qui suivent la première feuille de chaque tige.

De gauche à droite : M. Cheng
et M. Deng.

Une fois cueillies, les feuilles sont flétries sur des treillis de bambou. Ensuite, on procède à la dessiccation en deux étapes. On brasse d'abord les feuilles pendant une quinzaine de minutes dans une cuve, puis on les transfère dans une autre cuve, moins chaude, où on les aplatit à l'aide d'un petit balai.

L'étape suivante, le séchage, révèle une autre méthode originale. Les artisans font chauffer les feuilles quelques secondes sur un feu de bois, ensuite ils les remuent pendant 15 à 20 secondes. Ces manœuvres, explique M. Deng, doivent être faites en alternance pendant environ une heure.

En plus d'être très exigeants, les mouvements de brassage font tomber des feuilles par terre. M. Cheng, le producteur de Huo Shan Huang Ya, aussi inter-

loqué que nous, demande à M. Deng : « Pourquoi fais-tu ça comme ça ? Tu as beaucoup trop de pertes. Regarde toutes ces feuilles par terre qui ne servent plus à rien… » M. Deng, avec un grand sourire, lui répond que le Lu An Gua Pian est ainsi produit depuis des générations, et que c'est ainsi qu'il doit être fait !

Cet échange comique nous permet de comprendre à quel point les méthodes de transformation peuvent diverger dans la même province pour une même famille de thé et comment le savoir-faire des artisans est d'une importance capitale pour donner au thé sa signature caractéristique. Finalement, il en résulte un thé original, le Lu An Gua Pian, qui figure depuis des siècles parmi les plus célèbres thés de Chine.

LES MAISONS DE THÉ EN CHINE :
LIEUX SOCIAUX IMPORTANTS

Depuis la dynastie des Song (960-1279) jusqu'à la première moitié du XXᵉ siècle, les maisons de thé étaient nombreuses et répandues à travers toute la Chine. Puis elles sont pratiquement disparues, avant de revenir en grand nombre à partir des années 1990.

Lao She (1899-1966) raconte dans sa célèbre pièce de théâtre *La Maison de thé* :

« Dans les maisons de thé, circulaient souvent les bruits les plus extravagants. Par exemple, on racontait qu'une gigantesque araignée, devenue un esprit malfaisant, avait été frappée par la foudre. On y énonçait aussi les idées les plus bizarres, dont celle de construire, le long de la ligne côtière, une grande muraille afin de prévenir les invasions étrangères… On se communiquait la meilleure recette pour cuire l'opium, ou le nouvel air qu'un certain acteur de l'opéra de Pékin venait de composer… On pouvait parfois admirer dans les maisons de thé quelque objet d'art très rare – une pendeloque de jade pour éventail ou un vase à tabac à priser en céramique peinte –, récemment découvert… Dans ce cas, le rôle des maisons de thé est particulièrement intéressant : elles tiennent presque lieu de centre d'échanges culturels. »

Avec la Révolution culturelle déclenchée par Mao, presque toutes les maisons de thé ont dû fermer leurs portes. Boire du thé dans ces maisons, où pouvaient émerger des idées contre-révolutionnaires, était considéré comme une activité oisive, contraire au régime. Or ces maisons jouaient un rôle social important dans la vie quotidienne d'une majorité de citoyens. C'étaient des lieux de rassemblement propices aux échanges, comme les cafés en Europe ou les pubs en Angleterre.

On les voit renaître aujourd'hui avec une ferveur renouvelée. Elles reprennent la place qu'elles occupaient avant l'avènement du régime communiste, tout en s'intégrant à la « nouvelle » Chine, plus riche et en pleine expansion. Celles que nous avons eu la chance de visiter au cours de nos voyages semblent posséder une certaine unité de style, selon les régions.

LES MAISONS DE THÉ DES PROVINCES CÔTIÈRES

Les grandes villes côtières ont été les premières à insuffler ce nouvel élan à la construction de luxueuses maisons de thé. Des architectes et des designers de renom rivalisent de créativité pour édifier des établissements de plus en plus extravagants. Tables en bois massif, ponts en bois, lanternes, calligraphies, sculptures de toutes sortes, expositions d'œuvres de potiers illustres – la décoration des maisons de thé des provinces côtières est luxueuse et élégante. Les plus grandes comportent de nombreux salons privés pour les rencontres plus importantes. On y trouve d'imposants buffets. De jeunes femmes y servent le thé avec grâce, dans une ambiance chaleureuse et reposante. On peut y découvrir l'inspiration ou faire des rencontres d'affaires.

Ces maisons de thé sont très fréquentées, à toute heure du jour. Les réunions d'affaires y sont nombreuses et les étudiants s'y donnent rendez-vous. À travers les discussions enflammées, on y déguste des thés renommés aussi bien que les spécialités régionales. On peut y rester toute la journée à profiter de l'ambiance et des buffets, pour autant qu'on consomme un thé par session. Une journée est habituellement divisée en deux sessions. La première commence à l'ouverture et se poursuit jusqu'à 18 h ; la seconde se termine à la fermeture. Généralement, un thé coûte de 12 à 20 dollars. Mais on en trouve parfois à plus de 1000 dollars !

LES MAISONS DE THÉ DU SICHUAN

Le Sichuan est probablement la province qui compte le plus de maisons de thé. Chengdu, sa capitale, en possède plus d'une centaine ! On les trouve un peu partout dans les villes et les campagnes, dans les espaces publics, près des cours d'eau, dans les parcs. Elles sont parmi les plus divertissantes du pays. On y rencontre des buveurs de thé de tous les âges et de toutes les classes sociales.

La vocation culturelle des maisons de thé du Sichuan est plus affirmée qu'ailleurs. On y donne des spectacles traditionnels : musique, théâtre d'ombres, danseurs aux masques changeants, etc. Des conteurs et des poètes s'y produisent. Il y a parfois des prestations originales liées à la culture du thé, ou des

spectacles à grand déploiement, avec danseurs et figurants. Les serveurs manipulent des théières en cuivre dont le bec mesure près de un mètre. Adoptant des positions acrobatiques, ils versent l'eau bouillante dans les *gaiwan*.

Certaines maisons de thé que nous avons visitées pouvaient accueillir plusieurs centaines de personnes. D'autres, beaucoup plus simples et modestes, proposaient sur leur terrasse les spécialités régionales.

LA « DÉMOCRATISATION »
DES THÉS BLANCS

Leur délicatesse les rapproche des thés verts. Tout comme eux, ils ne sont pas oxydés. Ils se distinguent par leurs gros bourgeons duveteux ou par leurs grandes feuilles entières dont les arômes séduisent les amateurs de thés plus doux et subtils. Bien qu'ils n'existent qu'en quelques variétés, ils forment une famille à part entière : les thés blancs.

Lors des chaudes journées d'été, on ne rêve que de boissons froides, mais pourtant certains thés peuvent s'avérer tout aussi désaltérants. C'est le cas notamment des thés blancs. Dans les villes où règne l'été une chaleur étouffante, par exemple à Hong Kong, les gens apprécient le thé blanc Bai Mu Dan pour ses vertus rafraîchissantes.

Sous la dynastie Song apparut le premier thé blanc. L'empereur Huizong, passionné de thé, qui régna sur la Chine de 1100 à 1125, en fait mention dans son *Traité sur le thé*. Selon la légende, de jeunes filles gantées de blanc récoltaient ces feuilles de thé – image qui évoque la pureté et la fraîcheur qui émanent des délicats bourgeons. Tout comme les meilleurs crus du royaume, ce thé blanc était destiné à l'empereur.

Le thé blanc Bai Hao Yin Zhen, que nous connaissons aujourd'hui, est d'une facture plus moderne. Constitué uniquement de bourgeons dont la forme et la couleur sont facilement reconnaissables, il fut nommé Yin Zhen, «aiguilles d'argent», à la toute fin du XVIIIe siècle, en raison de sa belle apparence. Depuis, son aspect floral et sa liqueur douce et soyeuse ont conquis de nombreux amateurs à travers le monde.

On doit la beauté de ce thé à un cultivar indigène, le Fuding Da Bai, ou « Grand Blanc », découvert à l'état sauvage en 1857 dans les montagnes près de la ville de Fuding, dans le Fujian. Sa période de croissance végétative – du début mars à la mi-novembre – est beaucoup plus longue que la moyenne des autres cultivars et ses bourgeons argentés, robustes et duveteux, ont l'avantage de rester tendres plus longtemps. Bien qu'il serve également à la production de thé noir et vert, c'est un cultivar idéal pour le thé blanc.

Au printemps, selon les conditions climatiques, la récolte du Bai Hao Yin Zhen s'échelonne sur une période de 10 à 15 jours. Seuls les bourgeons qui ne sont pas endommagés et qui ne sont pas ouverts sont conservés. Environ 40 000 bourgeons, tous récoltés à la main, sont nécessaires à la production d'un seul kilo de Bai Hao Yin Zhen.

En Chine, les trois comtés traditionnellement reconnus pour la qualité de leurs thés blancs sont Fuding, Zhenghe et Jianyang, tous situés dans la province du Fujian. Cependant, d'autres provinces, notamment celle du Hunan, profitent de la forte demande pour développer leur propre production de thé blanc. Cet engouement dépasse même les frontières chinoises. Plusieurs autres pays comme l'Inde, le Sri Lanka, le Népal ou le Malawi produisent également du thé blanc.

Une autre catégorie de thé blanc est de plus en plus présente sur le marché. Le Bai Mu Dan et le Népal Fikkal en font partie. En les comparant au Bai Hao Yin Zhen, qui ne contient que des bourgeons, on constate que ces thés sont faits d'un mélange de bourgeons et de feuilles. Certains grades inférieurs sont même constitués uniquement de grandes feuilles brisées. Avec des arômes de paille fraîche, légèrement boisés, et d'un prix plus accessible, ils sont de plus en plus populaires et participent à la « démocratisation » des thés blancs.

LA COULEUR DE L'EMPEREUR

Le jaune est, dans la culture traditionnelle chinoise, une couleur impériale. Souvent utilisée pour habiller les empereurs, elle possède un caractère noble et sacré. Si la rareté des thés jaunes leur confère une certaine noblesse (selon la légende, c'est pour faire honneur à l'empereur qu'on les a nommés ainsi), l'appellation est aujourd'hui réservée aux thés qui subissent une fermentation « à l'étouffée ». Celle-ci procure, à la fin du processus de transformation, un subtil reflet jaune aux feuilles.

Cette fermentation « à l'étouffée » est effectuée après la dessiccation, alors qu'on recouvre les feuilles d'un papier de bambou ou d'un linge de coton. « Étouffées », les feuilles dégagent une chaleur qui entraîne une réaction responsable de ses reflets singuliers. Selon la température extérieure, cette étape dure de 8 à 20 heures. Deux ou trois fermentations suivent, séparées d'un intervalle de plusieurs heures. Un séchage final de 10 à 20 minutes termine la transformation.

Malgré l'attrait des Chinois pour tout ce qui est rare et prestigieux, la production de thé jaune est une tradition moins populaire aujourd'hui. Les consommateurs semblent moins friands de sa couleur et de son caractère acidulé. Par rapport à l'engouement pour les thés verts d'exception, les thés jaunes n'ont plus l'attention qu'ils méritent. Parmi ses trois représentants officiels, le Huo Shan Huang Ya de Anhui est pratiquement disparu. Plusieurs producteurs, ne trouvant plus de débouchés, ont dû adapter leur production au goût du marché actuel. Les méthodes de transformation typiques du thé jaune ont été modifiées pour que les feuilles conservent leurs teintes vertes. Ainsi, la plupart des Huo Shan Huang Ya sur le marché sont en fait des thés verts.

On constate le même phénomène avec le thé jaune Meng Ding Huang Ya du Sichuan. Malgré sa réputation, la couleur de ses bourgeons, moins resplendissante que celle du thé vert, fait en sorte que moins d'acheteurs s'y intéressent. Pour répondre à cette nouvelle demande, les producteurs ont développé le Meng Ding Gan Lu, un thé vert qui produit un plus grand éclat lors de son infusion dans un verre.

Le Meng Ding Huang Ya est pourtant d'un grand intérêt gustatif et les producteurs ont raison d'en être fiers. Grâce à ses trois fermentations successives d'une durée approximative de 10 à 12 heures chacune, le Meng Ding Huang Ya possède une délicatesse sucrée où prédominent des accents de noisette. Entre la première et la deuxième fermentation, on le chauffe et on le roule à l'aide de balais de paille pour éliminer le duvet des bourgeons.

Le thé jaune qui, malgré tout, conserve une grande renommée autant en Chine qu'à l'étranger, est sans contredit le Jun Shan Yin Zhen. Son terroir d'origine se situe au milieu du lac Dongting, dans la province du Hunan, sur la petite île Jun Shan (« Mont de l'Empereur ») entièrement recouverte de théiers.

La production annuelle du plus haut grade de ce thé légendaire se limite à 60 kilos, ce qui en fait un des thés les plus rares du monde. On porte une grande attention à la cueillette des bourgeons qui servent à produire ce thé qu'on réservait à l'empereur sous la dynastie Song (960-1279). Seulement ceux qui n'ont pas été endommagés par le vent, la pluie ou les insectes sont sélectionnés. Les artisans retirent même tout bourgeon qui n'est pas parfaitement droit.

Ces cueillettes impériales ont lieu au printemps, avant la fête des Morts. Celles faites après cette fête servent à produire le Jun Shan Huang Mao Jian, un thé moins réputé, constitué de bourgeons et de feuilles. Bien que, traditionnellement, les thés du « Mont de l'Empereur » soient des thés jaunes, on y produit aussi des thés verts pour répondre à la demande.

Aujourd'hui, le Jun Shan Yin Zhen est considéré comme l'un des dix plus fameux thés de Chine. Il fascine encore les amateurs chinois avec ses délicats bourgeons droits et duveteux qui, infusés dans un verre, évoquent une forêt de bambou.

LE ZHU YE QING,
THÉ SACRÉ DU SICHUAN

Le Zhu Ye Qing apparut dans l'histoire du thé au début des années 1960. Sa création est attribuée à un moine qui vivait au sommet du mont Emei, et son nom, qui signifie « feuille de bambou », lui a été donné par le ministre Chen Yi lors de son passage au plus vieux temple du mont Emei, le temple des Dix Mille Ans, en 1964.

Le mont Emei, sur lequel on cultive le Zhu Ye Qing, est l'un des quatre monts bouddhistes sacrés de la Chine. On y trouve le plus ancien temple bouddhiste du pays et de nombreux monastères qui attirent des milliers de pèlerins à la recherche de manifestations religieuses et d'expériences mystiques. La « mer de nuages » qui masque le paysage entre les sommets rocheux et la fameuse « lumière de Bouddha », cet incroyable phénomène de réfraction de la lumière, en ont fait une destination touristique prisée.

Situé dans le Sichuan, province du centre-ouest du pays, le mont Emei abrite des jardins de thé depuis très longtemps. Nous y avons constaté, un peu partout dans les villes et les campagnes, une consommation massive de thé, qui nous a semblé beaucoup plus importante que dans les autres provinces chinoises. Dans la rue, comme dans les nombreuses maisons de thé, on boit le thé vert dans de gros *gaiwan* et non dans des verres, comme c'est la coutume ailleurs en Chine.

Le climat du Sichuan permet de produire des thés très tôt dans l'année. Les premières récoltes débutent généralement à la mi-février. Ainsi, les premiers thés verts qu'on trouve dans les marchés au printemps proviennent souvent de cette province.

Le thé vert le plus célèbre du Sichuan est le Zhu Ye Qing. Ses feuilles vert foncé sont aplaties et façonnées, et les connaisseurs, pour en apprécier leur apparence lisse et sans duvet, préfèrent les infuser dans un verre. C'est d'ailleurs l'un des plus beaux thés verts chinois à admirer.

Sur le mont Emei, les pèlerins sont nombreux à contempler la « lumière de Bouddha » en dégustant le Zhu Ye Qing au caractère vif. Devant un tel spectacle, ils lui confèrent sans doute des qualités mystérieuses et sacrées…

RENCONTRE AVEC Mᵐᵉ ZHOU, PRODUCTRICE DE THÉ DU MONT EMEI

Nous avons rencontré cette productrice lors de notre première exploration du Sichuan, alors que nous étions à la recherche du Zhu Ye Qing. Étonnés de voir une femme dans la trentaine aux commandes d'une entreprise familiale, nous avons cherché à en savoir davantage sur sa vision du monde du thé.

Votre famille travaille-t-elle dans le monde du thé depuis longtemps ?
Depuis quelques générations, mais tous n'ont pas travaillé de la même façon. Mon grand-père, un homme d'affaires, produisait du thé pour le vendre. Mon père, lui, cultivait le thé uniquement pour notre consommation personnelle. Moi, quand j'ai commencé à produire du thé en 1996, tout se faisait à la main. J'espérais pouvoir en vivre. Aujourd'hui, nous avons une fabrique semi-artisanale et toute la famille participe à l'entreprise.

Mes parents vivent à la campagne et gèrent tout ce qui a trait à la récolte et à la transformation du thé. Mon frère, ma sœur et moi, nous nous occupons de la vente.

Est-ce difficile d'être une femme dans le monde du thé ?
Les hommes sont encore majoritaires dans le monde du thé, mais ce n'est pas toujours un désavantage pour moi. Physiquement, c'est un travail exigeant. Surtout quand les journées se terminent tard et qu'il faut régler toutes sortes de problèmes commerciaux. Mais, dans ces moments-là, une femme est souvent plus méticuleuse et plus patiente…

Préférez-vous expérimenter avec le thé ou poursuivre la tradition ?
J'aime expérimenter de nouveaux thés. En plus du Zhu Ye Qing, mon thé principal, j'élabore d'autres thés qui s'apparentent aux Bi Luo Chun, Long Jing, Huang Ya et Bai Hao Yin Zhen.

D'après vous, comment sera le monde du thé en Chine dans dix ans ?

Je crois que de plus en plus de jeunes de ma génération aiment boire du thé. Les nombreux produits qu'on aromatise avec du thé, comme les mooncakes, les friandises, les graines de tournesol, sont aussi très populaires chez les jeunes. D'après moi, le thé en Chine est dans une période de grand développement. Les Chinois commencent tout juste à profiter d'une meilleure vie. Depuis 2004, le marché du thé a connu une croissance phénoménale ! Dans dix ans, d'après moi, ce sera encore plus grand.

Mme Zhou et sa mère.

PREMIÈRE RENCONTRE

Le Guizhou est l'une des provinces les moins développées de Chine, mais avec ses paysages éblouissants au relief karstique et montagneux, elle possède un charme indéniable. Ici, nul thé célèbre, mais des productions marginales issues de hautes montagnes isolées.

Lorsqu'on explore de nouveaux terroirs, la recherche de producteurs est tout un défi. À chaque rencontre, tout en affrontant les difficultés d'une langue étrangère, nous devons nous présenter et expliquer notre approche d'importateurs spécialisés dans les thés de terroir. Il nous faut ensuite faire comprendre aux gens la réalité de notre marché, bien différente de celle du marché chinois.

Cela dit, il ne suffit pas de trouver un bon thé pour établir une relation d'affaires avec un producteur. Le lien humain et une production authentique axée sur la qualité et le respect de l'environnement font aussi partie de nos critères de sélection.

Habituellement, quand nous visitons une région productrice pour la première fois, nous prenons soin de rencontrer plusieurs producteurs afin de trouver les gens avec qui nous aimerions développer une relation à long terme. Cette fois, dans le Guizhou, la chance est de notre côté et nous rencontrons M. Li et Mme Chen, des gens accueillants, curieux et passionnés qui partagent notre philosophie.

C'est dans la capitale que nous faisons la connaissance de Mme Chen qui, en se présentant, nous prépare une dégustation de trois thés verts infusés en *gaiwan*. Sans le savoir, Mme Chen nous impressionne par son professionnalisme. Même si pour les dégustateurs le *gaiwan* est un outil essentiel qui permet de découvrir les subtilités cachées de certains thés, il n'est presque plus utilisé pour la préparation des thés verts. La plupart du temps, les

producteurs et les consommateurs infusent leurs thés verts dans des verres pour en apprécier l'apparence.

M. Li et sa femme Mme Chen travaillent ensemble dans l'entreprise qu'ils ont fondée en 2000. Elle s'occupe des affaires et de la boutique de thé ; lui travaille principalement à la production. De cette façon, cette petite entreprise familiale produit plusieurs dizaines de grades de Du Yun Mao Jian, un thé aux feuilles frisées qui s'apparente au célèbre Bi Luo Chun. La transformation entièrement manuelle des premiers grades du printemps leur confère une grande délicatesse végétale et une texture veloutée. Les grades suivants, issus de récoltes plus tardives, proviennent d'une sélection de feuilles plus matures qui sont soumises à une dessiccation mécanique. L'ensemble de la production est principalement destiné au marché local.

Cette première dégustation terminée, nous prenons la route de Du Yun, où se trouve leur plantation. Du Yun est à deux heures de la capitale. Pour atteindre les jardins, il faut compter deux heures de route supplémentaires à travers un paysage montagneux éblouissant.

Arrivés au pied de leur plantation, à près de 1800 mètres d'altitude, nous apercevons la petite fabrique où M. Li transforme ses récoltes. Nous voudrions la visiter et, après quelques hésitations, il accepte de nous y conduire. Ses hésitations sont compréhensibles, car en Chine on mise beaucoup sur l'image commerciale. Tout ce qui est gros, tape-à-l'œil et neuf est favorable à la vente. Les acheteurs chinois sont très sensibles à l'impression de réussite qu'imposent les installations modernes. M. Li s'excuse plusieurs fois pour la simplicité de ses équipements, pourtant leur aspect authentique et artisanal nous fascine. Nous savons très bien que la richesse des installations n'est pas forcément synonyme de qualité.

Le lendemain, après ces visites enrichissantes, nous sommes de retour dans la capitale afin de poursuivre les dégustations et finaliser les achats.

Dans la boutique de Mme Chen, nous nous apprêtons à déguster une quinzaine de Du Yun Mao Jian de plusieurs grades différents. Contrairement à plusieurs autres producteurs qui profitent de ce moment pour fumer quelques cigarettes, Mme Chen nous fait l'honneur de participer à la dégustation en humant les infusions et en nous livrant son appréciation. Devant cette sélection impressionnante, nous discutons des caractéristiques de chaque thé avant de faire notre choix : un grade supérieur aux nombreux bourgeons provenant d'une cueillette très fine et un grade régulier au goût plus vif, parfait pour un bon thé du quotidien. Étant donné que le Du Yun Mao Jian n'est pas un thé renommé, le prix demandé pour une telle qualité est fort raisonnable.

Le soir venu, comme c'est la coutume en Chine, nous soupons ensemble dans un restaurant avant de conclure les achats. Accompagnés d'acheteurs chinois du Sichuan, intéressés comme nous à faire des affaires avec Mme Chen, nous assistons à un spectacle théâtral vivant et coloré, donné par des membres de la minorité ethnique des Buyi.

M. Li dans son jardin.

LE VERT DU CÉLADON

Située au sud-ouest de la province du Zhejiang, la ville de Longquan est l'un des plus importants centres chinois de la céramique, et c'est aussi le berceau du céladon. La technique qu'on y a développée permet d'obtenir des objets de la couleur du jade, cette pierre sacrée si prisée en Asie. Aujourd'hui reconnus pour leur glaçure douce et agréable, les bols en céladon sont très appréciés pour la dégustation du thé.

Selon de récentes recherches archéologiques qui ont permis de découvrir plus de 500 fours de cuisson, l'histoire du céladon à Longquan remonterait au Ve siècle. Les premières pièces fabriquées furent des bols recouverts d'une demi-glaçure vert-jaune très épaisse.

Sous la dynastie Song, à l'âge d'or du céladon, la mise au point des procédés de fabrication et un meilleur contrôle des températures de cuisson ont permis la production d'objets aux formes épurées (jarres, pots, assiettes, vases, bols), à la glaçure translucide, brillante et sans craquelures.

Avec ses teintes nuancées qui s'harmonisent à merveille avec celles du thé vert, le céladon a séduit les lettrés chinois. Cet intérêt, en plus d'atteindre la cour impériale, a favorisé le développement de ce style de poterie dans plusieurs autres pays, dont la Corée, où les potiers ont acquis une grande maîtrise.

Quant au céladon chinois, il en existe deux types principaux : le type blanc-vert, dont l'effet lustré et translucide s'obtient par l'application de plusieurs couches de glaçure ; et le type craquelé, obtenu par la modification de la formule de la glaçure afin de varier son coefficient d'expansion. Le vert caractéristique de la glaçure est déterminé par l'oxyde de fer qu'elle contient et qui réagit lors d'une cuisson en réduction. Les potiers parviennent aussi, en contrôlant la température de refroidissement, à en varier les teintes. En outre, les objets en céladon se déclinent en une grande diversité de texture et de couleur. Ainsi, on peut trouver des bols aussi délicats qu'une fine porcelaine et des tasses massives à la glaçure épaisse.

ENTRETIEN AVEC M. YEN WEI EN, POTIER À LONGQUAN

Dans son atelier entouré d'un magnifique jardin orné d'œuvres d'art, nous avons rencontré M. Yen, potier et calligraphe. Cette rencontre nous a permis de découvrir le lieu qui lui apporte inspiration et tranquillité, et de connaître l'état d'esprit de cet artiste.

Monsieur Yen, comment êtes-vous devenu potier ?

Je suis issu d'une famille de potiers, j'ai donc vécu dans ce milieu depuis ma naissance. De 1988 à 1992, j'ai étudié au département des beaux-arts de l'Institut du céladon de Jingdezheng. Depuis lors, je travaille comme potier.

D'après vous, quelles sont les qualités d'un bon potier ?

Un bon potier doit posséder de bonnes compétences techniques. Il doit aussi connaître la philosophie, l'esthétique, l'histoire, la culture et la céramique traditionnelle. Les Chinois ont une grande considération pour les artisans qui possèdent science et vertu, parce que la bienveillance est l'âme de l'art. À mes yeux, la moralité et le savoir-vivre sont des qualités importantes pour un potier.

Faites-vous de la recherche, des expérimentations ?

Je fais toujours des recherches et des expérimentations, parce que je suis curieux et que j'aime apprendre de nouvelles techniques. J'ai l'ambition de créer des poteries qui conviennent au goût de notre époque, tout en y intégrant certains éléments de la culture traditionnelle. J'espère avoir un jour ma propre boutique et ma propre marque de poterie, pour que mes œuvres soient appréciées de par le monde.

D'après vous, y a-t-il des éléments ou des conditions qui échappent au potier ?

Malgré toute l'expérience et le savoir-faire des potiers, plusieurs éléments influencent la finition d'une œuvre : les matériaux, la température, la qualité de l'eau, etc. Les facteurs incontrôlables font partie du plaisir de la création.

Comment percevez-vous l'art de la céramique dans la Chine d'aujourd'hui ?

En Chine, la compétence des potiers est inégale. Il n'y a pas beaucoup d'œuvres marquantes. Beaucoup trop de potiers pensent davantage au profit rapide. Depuis quelques années, j'ai beaucoup changé sur ce point. Je travaille maintenant mes œuvres avec un cœur d'artisan.

JAPON

Au Japon, le thé fut d'abord un breuvage rituel avant de s'intégrer à une esthétique, à une philosophie, à une voie par laquelle s'expriment les principaux aspects de la culture.

Sur un territoire baigné par la mer, le Japon s'est distingué par sa culture du thé tout à fait originale. Aujourd'hui, le thé vert y est à l'honneur et presque toute la production y est consacrée. De nombreuses traditions subsistent. La culture ombragée est toujours pratiquée, on enseigne encore la transformation manuelle des feuilles, et la cérémonie du thé demeure l'expression d'un art de vivre qui influence plusieurs autres disciplines artistiques, dont la poterie, l'architecture et les arrangements floraux.

Comme nulle part ailleurs, des méthodes de culture et de transformation sophistiquées sont mises au point, révélant tout le potentiel de ce remarquable terroir. Alors qu'on observe actuellement une diversification des produits liés au thé vert, on découvre de nouveaux cultivars, on expérimente d'étonnantes façons d'enrichir la terre et on fait preuve d'ingéniosité pour produire de grands crus.

DE LA VAPEUR ET DU FEU

Pour un amateur de thé vert japonais, l'infusion d'un sencha peut s'avérer complexe. Plus de 70 % de la production japonaise lui est réservée et l'on en trouve de toutes les qualités, dans un spectre aromatique très étendu. Heureusement, certains paramètres gustatifs développés à l'aide de différentes techniques de transformation nous aident à mieux les comprendre.

La vapeur (pour la dessiccation) et le feu (pour la cuisson) sont deux éléments essentiels à la transformation des sencha. Ces procédés sont en grande partie responsables de la saveur et de la valeur aromatique d'un thé.

Comme nous l'avons vu précédemment, la dessiccation est nécessaire à l'obtention d'un thé vert. Sans elle, les feuilles s'oxyderaient et deviendraient inutilisables. Au Japon, la dessiccation se fait le plus souvent à la vapeur, mais tous les producteurs ne procèdent pas de la même façon. En soumettant les feuilles à différentes conditions, ils sont parvenus à créer trois styles de sencha aux nuances distinctes.

LE STYLE *ASAMUSHI*
Obtenus par une dessiccation courte (20 à 40 secondes), les sencha de style *asamushi* se reconnaissent par leurs feuilles habituellement entières et moins brisées. Souvent léger et peu tannique, leur goût ample rappelle les légumes verts et l'herbe fraîche.

LE STYLE *FUKAMUSHI*
Grâce à une dessiccation plus longue (80 à 200 secondes), on obtient un sencha de style *fukamushi*. Soumises plus longtemps à la vapeur, les feuilles s'assouplissent davantage et se brisent plus facilement. Il en résulte un goût intense et une infusion vive et foncée.

LE STYLE *CHUMUSHI*

Une zone intermédiaire sépare les deux grands styles de sencha précédents. Les feuilles qui subissent une dessiccation de 40 à 80 secondes appartiennent au style *chumushi*. Ces thés au goût plus classique sont très présents sur le marché japonais.

LA CUISSON

La cuisson finale, *hiire* en japonais, est un procédé relativement important dans la transformation des thés verts. Lors de cette étape, les feuilles sont dirigées dans des cylindres en métal chauffés au gaz, où elles sont séchées avec plus ou moins d'intensité. Puisque ce procédé a lieu à la toute fin du processus de transformation, il a une grande influence sur le goût du thé. Le principe est simple : moins on chauffe les feuilles, mieux sont conservées les notes végétales, iodées et florales, naturellement présentes dans les feuilles. Inversement, plus la cuisson est longue, plus le côté végétal s'efface au profit de l'aspect grillé, ou « noisetté », rappelant parfois le bouillon de volaille. Il y a à peine quelques décennies, on ne prisait ni la cuisson intensive ni le style *fukamushi*. Les thés verts japonais conservaient alors l'empreinte végétale classique. Les producteurs de la région d'Uji, plus traditionalistes, demeurent les gardiens de ce style.

Aujourd'hui, tant au Japon que dans le reste du monde, les amateurs sont de plus en plus attirés par le goût grillé des thés verts. En plus de s'accommoder à une eau plus chaude ou plus dure, leurs feuilles sèches déploient des arômes fruités qui ne passent pas inaperçus.

LA TORRÉFACTION

Qu'arrive-t-il si l'on poursuit la cuisson ? Si, pendant quelques minutes supplémentaires, on soumet les feuilles à une chaleur plus intense, pouvant atteindre 200 °C ? On obtient alors un *hojicha*, un « thé grillé » très populaire dans les restaurants japonais.

Ce procédé, appelé torréfaction, atténue l'amertume et le caractère herbacé du thé pour faire place à des arômes boisés et à un goût légèrement sucré rappelant le caramel. L'effet est relaxant, et ses vertus digestives en font un thé idéal à servir après le repas.

Tant pour son goût que pour ses vertus, le *hojicha* est apprécié des chefs qui cherchent à l'intégrer à leur cuisine. Il soutient à merveille les plats assaisonnés à la sauce soya et c'est le partenaire idéal pour le poisson, particulièrement le saumon. Et de nombreux desserts sont aromatisés à ce type de thé.

LE DÉFI DES *TEMOMICHA*

Dans le Japon d'aujourd'hui, la technique de transformation des temomicha, *qui consiste à pétrir et à rouler les feuilles de thé avec les mains, est peu usitée. Seulement une centaine de producteurs œuvrent à conserver cette tradition. Les petites quantités produites sont destinées aux concours annuels, régionaux et nationaux, dans le but d'acquérir ou de conserver une réputation d'excellence. Les thés primés peuvent se vendre de 2000 $ à 15 000 $ le kilo. C'est donc un grand privilège pour nous d'avoir été invités par M. Miyano à suivre un cours intensif sur cette technique unique qu'il exerce depuis une douzaine d'années.*

Chez M. Miyano, nous sommes reçus en amis. Comme thé de bienvenue, il nous prépare son tout dernier *temomicha* fraîchement produit. Il nous offre des tabliers de travail qu'il a fait confectionner spécialement pour l'occasion, avec nos noms brodés dessus...

Avant de commencer la formation, notre hôte y va de quelques avertissements. Il n'y aura pas de pause au cours des sept prochaines heures, il faut s'y préparer. Armés de bouteilles d'eau, nous nous dirigeons à l'arrière de la maison, jusqu'à la pièce où aura lieu la manipulation des feuilles. Nous sommes immédiatement saisis par la chaleur : la température atteindra 40 °C au cours de la journée. Sans perdre un instant, avant que nous doutions de notre capacité à rester là plus longtemps, M. Miyano commence à nous expliquer les nombreuses techniques. En apparence, le but est simple : à l'aide de différentes méthodes de roulage, il s'agit de façonner les feuilles de thé en forme d'aiguilles de pin.

D'abord, une certaine quantité de feuilles fraîches est déposée sur une table chauffée au gaz et recouverte d'un papier. Grâce aux explications claires de notre instructeur, les premières étapes se passent assez bien. On commence par aérer vigoureusement les feuilles avec les doigts, pour réduire l'humidité qu'elles contiennent. Puis, selon une suite de gestes précis et étudiés, on roule les feuilles de thé avec les mains pour en extraire les huiles.

Nous apprenons ensuite à maîtriser, dans un certain ordre, les différentes méthodes de roulage. Les mains doivent être fermes et les mouvements, souples. Petit à petit, l'attention que nous portons à nos gestes et le contact avec les feuilles de thé nous font perdre la notion du temps. La variété des manipulations rompt la monotonie. Les heures passent et, bien que la tâche soit ardue, nous sommes fascinés par la noblesse de ce travail artisanal.

Les dernières étapes sont les plus difficiles. Plus on manipule les feuilles, plus l'eau qu'elles contiennent s'évapore et plus les mouvements doivent être précis. En bon professeur, M. Miyano nous encourage. Puisque les feuilles s'assèchent constamment, la principale difficulté de la transformation d'un *temomicha* est de conserver assez d'humidité dans les feuilles pour pouvoir les façonner en aiguilles de pin sans les briser.

À la fin du processus, fiers de nous, nous comparons nos résultats avec ceux de M. Miyano et nous comprenons que beaucoup d'expérience est nécessaire pour maîtriser cette technique…

MÉTHODE D'INFUSION

Pour apprécier le plein potentiel d'un *temomicha* et découvrir son délicat parfum de fleur, sa longue persistance et son léger effet euphorisant, il est préférable d'utiliser un *shiboridashi*, petit contenant de porcelaine ou de terre, de forme aplatie, qui permet de disposer les longues feuilles dans le sens de la longueur, en une légère pyramide.

Les infusions requièrent peu d'eau, à une température exceptionnellement basse.
On verse l'eau de chaque côté des feuilles pour les infuser par en dessous.

VOICI LES RECOMMANDATIONS DE M. MIYANO :

Déposez 4 à 5 g de feuilles dans votre *shiboridashi* ou dans une théière à fond plat.

1re infusion : 30 ml d'eau à 50 °C pendant 1 ½ minute

2e infusion : 30 ml d'eau à 60 °C pendant 1 minute

3e infusion : 50 ml d'eau à 70 °C pendant 45 secondes

4e infusion : 100 ml d'eau à 75 °C pendant 2 minutes

À chaque infusion, il est important de transvider le liquide jusqu'à la dernière goutte, pour empêcher l'infusion de se poursuivre.

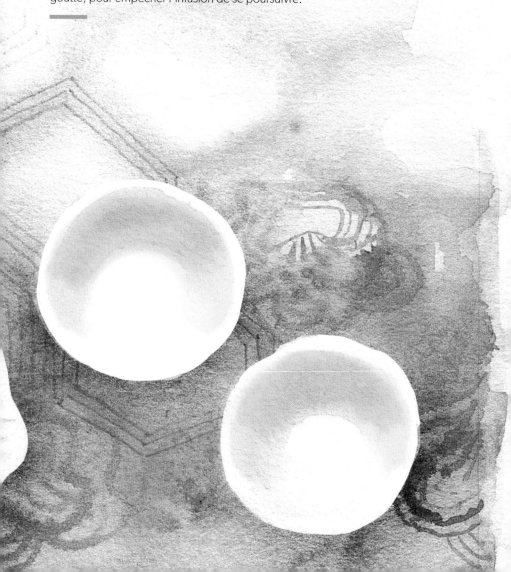

LE PLAISIR DE MANGER…
LES FEUILLES !

Grands gastronomes, les Japonais ont développé une façon singulière de bénéficier de tous les avantages gustatifs de certains thés. Au lieu de jeter les feuilles, comme on le fait généralement après quelques infusions, ils déposent dans une assiette une petite quantité de feuilles infusées, les assaisonnent de sauce soya ou d'huile, et ils les mangent, comme on le ferait pour une salade.

Si vous voulez tenter l'expérience, utilisez des thés aux feuilles tendres. Les shincha, les sencha de haut grade et les gyokuro sont recommandés.

UN CULTIVAR AUX FEUILLES JAUNES, LE YAMABUKI

Au Japon, environ 80 % des cultivars utilisés pour la production de thé vert sont des yabukita. Depuis le milieu des années 1950, quand il fut mis au point, ce cultivar occupe une place prépondérante dans les plantations japonaises. Il est devenu le cultivar préféré des producteurs et des consommateurs en raison de sa grande adaptabilité aux conditions de l'archipel et de son goût vif qui plaît aux Japonais d'aujourd'hui.

Malgré la prédominance du yabukita au Japon, plusieurs producteurs, dont M. Sugiyama, expérimentent de nouveaux cultivars en plus de conserver les anciens. C'est avec son père qu'il a réussi à diversifier ses plantations. Grand amateur de théiers hybrides, son père expérimenta pendant plus de 50 ans la production de nouveaux cultivars pour en évaluer les qualités. Les nombreux croisements donnèrent évidemment des résultats inégaux, mais causèrent parfois des surprises.

Il y a quelques années, M. Sugiyama constata avec étonnement l'apparition d'un théier aux feuilles jaunes qui, d'après lui, serait issu d'une suite de mutations naturelles. À ce moment-là, il ne croyait pas que ce théier aux feuilles jaunes ferait un thé de qualité. On le transplanta donc près de la maison, comme plante ornementale.

Quelques années plus tard, alors qu'il travaillait au Laboratoire national de thé du Japon, M. Sugiyama se livra à quelques expériences sur ce théier et constata qu'il avait un goût singulier et délicieux. Il décida de multiplier ce cultivar dans une petite section de son jardin et il le baptisa yamabuki, du nom d'une fleur aux pétales jaunes.

D'après M. Sugiyama, seulement quelques producteurs japonais utilisent un cultivar similaire au yamabuki. Il en produit lui-même une minuscule quantité, de 5 à 10 kilos par année, et ne prévoit pas en augmenter la production, car la culture du yamabuki est difficile. Ses feuilles contiennent moins de chlorophylle (environ le quarantième de ce que contient le yabukita), ce qui diminue considérablement sa capacité d'effectuer la photosynthèse nécessaire à sa croissance. Heureusement, au cours de la saison, ses feuilles verdissent, permettant au théier de refaire ses forces.

Au Japon, l'intérêt suscité par ce cultivar est tout récent. Tout comme M. Sugiyama, les amateurs n'ont pas été spontanément attirés par ces feuilles jaunes qui leur semblaient un défaut. Mais, depuis que son goût inusité rappelant l'asperge, le maïs et la mâche a attiré l'attention au Concours mondial de thé du Japon, de plus en plus de curieux l'apprécient.

LA POTERIE HAGI

En 1592, Hideyoshi Toyotomi rassembla une armée de 160 000 guerriers dans la région occidentale du Japon dans le but d'envahir la Corée, puis la Chine. Les Coréens opposèrent peu de résistance, mais les Chinois repoussèrent les Japonais.

Malgré l'échec de cette tentative d'invasion, les répercussions furent importantes sur la ville de Hagi, située sur l'île de Honshu, dans la préfecture de Yamaguchi. Plusieurs centaines d'objets exécutés par des maîtres céramistes coréens furent rapportés par les soldats et de nombreux potiers émigrèrent au Japon, où ils implantèrent leurs techniques de fabrication et de cuisson. Les historiens appellent cet épisode la «guerre Imjin» (1592-1598). Aujourd'hui, au Japon, on attribue la paternité de ce style de poterie à Ri Shakko et à Ri Kei, deux frères d'origine coréenne qui furent les premiers à en faire la production dans l'archipel.

Lorsqu'on soulève un bol Hagi, on est surpris par le contraste entre son aspect massif et sa légèreté. Cet effet, typique de cette poterie, est obtenu par une méthode d'aération de l'argile – on y mélange de la chamotte (tessons broyés) ou du sable. À la cuisson, ce mélange produit de légères déformations qui ennoblissent chaque pièce.

La glaçure laiteuse est une autre qualité de cette céramique. Sa douceur s'oppose à son caractère brut. On perçoit aussi comment se sont opérés les retraits de glaçure. Et l'effet légèrement craquelé permet à la couleur du thé de s'incruster dans la paroi. En examinant le pied du bol et ses profonds fendillements, on peut identifier l'argile employée et deviner quelle fut sa réaction lors de la cuisson. Ainsi, cette poterie se transforme avec le temps. Elle évolue, se personnalise à chaque utilisation. Pour les Japonais, plus on utilise une poterie Hagi, plus elle embellit.

Les amateurs de thé se servent principalement de ce type de poterie pour la cérémonie japonaise. Mais, selon les goûts de chacun, on peut boire n'importe quel thé dans des bols Hagi.

RENCONTRE AVEC M. NAKAHARA, POTIER DE HAGI

Monsieur Nakahara, comment êtes-vous devenu potier ?

À Hagi, la céramique est une industrie locale. Comme j'ai grandi dans cette ville, j'ai toujours été proche de cet art. Plusieurs artisans habitaient près de chez moi. Quand j'ai dû choisir une carrière, j'ai tout naturellement pensé à devenir potier.

Certaines pièces Hagi ont une encoche à leur base. Pourquoi ?

À l'époque, les gens du peuple n'étaient pas autorisés à utiliser le même type de céramique que l'empereur. Pour identifier les bols qui ne lui étaient pas destinés, les potiers y taillaient une encoche. Cette tradition est toujours vivante.

Quelles sont d'après vous les qualités d'un bon potier ?

Premièrement, pour faire de la bonne céramique, il faut être habile. Il faut avoir les doigts agiles. Je crois que la céramique est une technique qui concerne avant tout les doigts. Ensuite, il faut savoir utiliser le tour. Quand je travaille, je pense aux sourires de mes clients, au format qui leur serait le plus utile, etc. Je me soucie de l'élégance et de la beauté de chaque pièce.

Je crois aussi qu'on peut ressentir l'« humanité » d'un artiste à travers son travail. Analyser une pièce d'art n'est pas facile pour un amateur ni pour un professionnel.

La plupart des gens, sans comprendre la céramique, ressentent quelque chose de mystérieux lorsqu'ils voient ou touchent une pièce. Je crois que, inconsciemment, ils peuvent savoir quel genre de personne a fait la pièce. Je pense donc qu'un bon potier devrait avoir une bonne attitude dans sa vie quotidienne.

On dit que les Japonais d'aujourd'hui n'ont plus ni croyances ni principes. Moi, je pense au contraire que nous croyons tous en quelque chose. La céramique est le reflet du mode de vie d'un artiste. Je ne pense pas qu'un acheteur choisisse mes pièces par hasard. Je crois qu'on peut me reconnaître à travers mon travail.

Comment percevez-vous l'art de la céramique dans le Japon d'aujourd'hui, par rapport à l'époque où vous avez fait vos débuts ?

L'industrie de la poterie au Japon respecte beaucoup la tradition. Cela dit, les jeunes potiers ont davantage de difficultés s'ils ne sont pas issus d'une famille d'artisans qui se transmettent le flambeau de génération en génération. Peut-être aussi que les nouveaux artistes ne sont pas appréciés à leur juste valeur. Les potiers établis depuis longtemps sont privilégiés par les gens de l'industrie. Leurs céramiques sont très coûteuses. C'était comme ça par le passé et la situation n'a pas changé.

THÉ ET SHIITAKE

Certaines innovations dans la culture du thé, comme dans plusieurs autres domaines, sont parfois dues au hasard. Mais sans la perspicacité de certains producteurs, le hasard resterait souvent sans conséquence. Ainsi, un producteur japonais, M. Iwata, par ses efforts constants pour améliorer la qualité de son thé, a découvert une astuce pour enrichir sa terre.

La famille de M. Iwata cultive la terre depuis 17 générations. Cette terre, M. Iwata en est fier. À le voir y plonger les mains pour la retourner en nous expliquant comment il a fait pour en arriver à un résultat si surprenant, on comprend à quel point il est passionné par son travail et par la relation qu'il entretient avec cette terre familiale. En pratiquant une agriculture biologique, il a réussi avec les années à l'enrichir à l'aide de compost et d'engrais naturels.

Récemment, M. Iwata a fait une découverte intéressante. Dans les sous-bois, entre les jardins, poussent de nombreux fraisiers. À la belle saison, M. Iwata cueille toujours des petits fruits pour ses enfants. Un jour qu'il y avait sur la table plusieurs bols de fraises, il s'est rendu compte que ses enfants préféraient certaines fraises plus sucrées. Interloqué, M. Iwata a alors cherché à savoir d'où provenaient les fruits les plus savoureux.

Or, certains sous-bois étaient à l'abandon, d'autres servaient à la production de shiitake. En comparant les fraises de ces sous-bois, M. Iwata a découvert que celles provenant des sous-bois où il faisait pousser des champignons sur des billes de bois étaient plus sucrées que les autres. Probablement qu'au fil des ans, les billes ayant servi à la production de shiitake se décomposent et s'incorporent à la terre, ce qui se révèle très profitable pour les fraises. Pouvait-il en être de même pour les théiers ?

Pour le savoir, M. Iwata résolut de transporter cette bonne terre dans ses jardins de thé afin de profiter de cet engrais naturel. Il est encore trop tôt pour savoir si cela changera le goût du thé, mais, selon M. Iwata, l'avantage de ce compost est de fournir un apport en carbone et d'importants nutriments aux plantes. Les thés pourraient être plus légers, plus clairs et plus sucrés. Les prochaines récoltes nous réserveront peut-être des surprises !

LA RECHERCHE D'UN ÉQUILIBRE

Dans plusieurs pays producteurs, une grande partie des thés sont des assemblages (blend) qu'on obtient en mélangeant les feuilles provenant de différents jardins, parfois même de jardins appartenant à plusieurs régions.

Au Japon, cette pratique courante est facilitée par l'organisation de l'industrie qui se compose de deux axes principaux. Le premier rassemble les étapes de culture et de production, jusqu'à l'obtention de l'*aracha* (produit brut) ; l'autre complète les opérations de transformation, jusqu'à la vente finale.

En raison du coût élevé de l'équipement, de moins en moins de cultivateurs mènent à bien toutes les étapes de transformation. Les récoltes d'un cultivateur sont le plus souvent vendues à des entreprises spécialisées qui transforment les feuilles en *aracha*. À leur tour, ces entreprises vendent leurs produits aux enchères sur le marché du thé. D'autres entreprises achètent ces lots d'*aracha* pour les assembler et les transformer en produit fini. Au Japon, ceux qui procèdent à ces assemblages sont des *chashi*, mot qui signifie «instructeurs de thé», à cause de celui qui donne les instructions à la manufacture où ont lieu les opérations de transformation.

L'instructeur de thé goûte et choisit les lots en fonction des critères des clients et de la demande du marché. En mélangeant plusieurs récoltes, il parvient à fabriquer d'une année à l'autre des thés au goût similaire.

Marché du thé à Shizuoka

M. Osada, comment avez-vous commencé votre carrière d'instructeur de thé ?

Au début des années 1990, je me suis rendu compte qu'on buvait de moins en moins de thé en feuilles dans mon pays. J'ai alors cru nécessaire de m'impliquer davantage et de participer au développement de la culture du thé. À peu près au même moment, j'ai entendu parler de la nouvelle Association des instructeurs de thé japonais. Je me suis tout de suite inscrit aux cours, j'ai obtenu les qualifications et suis devenu le premier membre de l'association !

Comment procédez-vous pour faire un assemblage ?

Premièrement, je choisis les lots de thé en fonction de leur origine, des méthodes de transformation et des cultivars. Ensuite, j'examine la fiche qui me renseigne sur le producteur, la date de la cueillette, le grade attribué aux feuilles et le nombre de kilos disponibles. Lorsqu'un lot m'intéresse, j'en infuse des feuilles avec de l'eau bouillante pour les humer. L'eau bouillante révèle aussi bien les défauts que les qualités du thé. Je travaille souvent avec une base de 100 grammes. Une fois le mélange réussi, je multiplie la recette pour l'appliquer au nombre de kilos nécessaires.

Cette pratique comporte-t-elle des désavantages ?

Non, dans la mesure où l'on respecte certains paramètres. Le principe est de maintenir l'harmonie entre le goût, les arômes, la couleur et la fraîcheur. Il est important aussi de considérer les distinctions de chaque lot de thé : les caractéristiques du terroir et la signature des producteurs. Par exemple, mélanger des lots qui dégagent tous des arômes puissants n'est pas une bonne idée. Ces arômes pourraient se neutraliser mutuellement. Pour atteindre un équilibre, il est nécessaire d'avoir un soutien de fond (goût, saveur) qui soit de la même intensité que les arômes. Sinon, l'un des aspects écrasera l'autre.

Que retirez-vous de ce métier ?

Même si je travaille dans le monde du thé depuis 33 ans, l'arrivée des premières récoltes du printemps me procure un intense sentiment de régénération. Je crois que la culture du thé a beaucoup à voir avec la nature humaine. J'aimerais remercier tous les artisans passionnés par la culture du thé. Et je suis reconnaissant du fond du cœur à mes clients de me faire confiance.

L'ART DE M. KAMADA

M. Kamada pratique l'art de la poterie depuis une quarantaine d'années. Il a consacré l'essentiel de son travail à développer une vision moderne et originale du style tenmoku, *qui remonte à la dynastie chinoise des Song (960-1279) et qui fut introduit au Japon au XIIIᵉ siècle par des moines bouddhistes.*

Aujourd'hui, M. Kamada est l'un des rares céramistes japonais qui ont voué leur vie à la recherche historique et à la production de poteries de style *tenmoku*. Les fascinants effets de glaçure et la qualité générale de ses œuvres en ont fait l'un des potiers les plus respectés de Kyoto. Ses œuvres sont exposées dans les galeries les plus prestigieuses du Japon et, depuis 2005, ses plus récentes réalisations font partie des collections permanentes du Musée d'art métropolitain de New York.

Lorsque nous avons eu la chance de rencontrer M. Kamada, nous en avons profité pour lui poser plusieurs questions sur ses méthodes de travail et sur l'art de la poterie.

ENTREVUE AVEC M. KAMADA, POTIER À KYOTO

M. Kamada, après plus de 40 ans de métier, vous avez sûrement développé une approche personnelle de la poterie. De quoi avez-vous besoin pour travailler ?
J'ai seulement besoin de concentration et d'un espace approprié.

Qu'est-ce qui vous influence, vous motive dans votre travail ?
Auparavant, j'étais inspiré et influencé par la grande céramique ancienne. J'ai mené des recherches à ce sujet, mais reproduire ce genre de poterie n'est plus un objectif. Aujourd'hui, je suis inspiré davantage par d'autres

formes d'art ou par la nature. Mon intérêt premier est de produire des œuvres originales de style *tenmoku*. Je suis excité quand un musée ou que le Nihon Kogei Kai (Corporation des artistes du Japon) me propose d'exposer mes pièces. C'est très stimulant de pouvoir montrer de nouvelles œuvres.

D'après vous, quelles sont les qualités d'un bon potier ?

D'après moi, toujours aller de l'avant est la meilleure attitude. J'apprends beaucoup de mes erreurs. La plupart du temps, j'obtiens de bons résultats par chance. Par exemple, j'ai beau chercher à contrôler la glaçure, les effets sont toujours différents.

Comment voyez-vous l'art de la poterie au Japon aujourd'hui, par rapport à l'époque où vous avez fait vos débuts ?

Quand j'ai commencé ma carrière, il y avait beaucoup de jeunes potiers et cet art était très vivant. Depuis lors, la poterie s'est grandement diversifiée. Aujourd'hui, on s'attarde de plus en plus sur le design. Il semble que le caractère original d'une pièce de poterie n'a plus la même valeur. Les consommateurs du monde entier peuvent en acheter sur Internet sans même les toucher. Dans un monde idéal, je souhaiterais que les gens aient la chance de pouvoir toucher et admirer les poteries avant de les acheter.

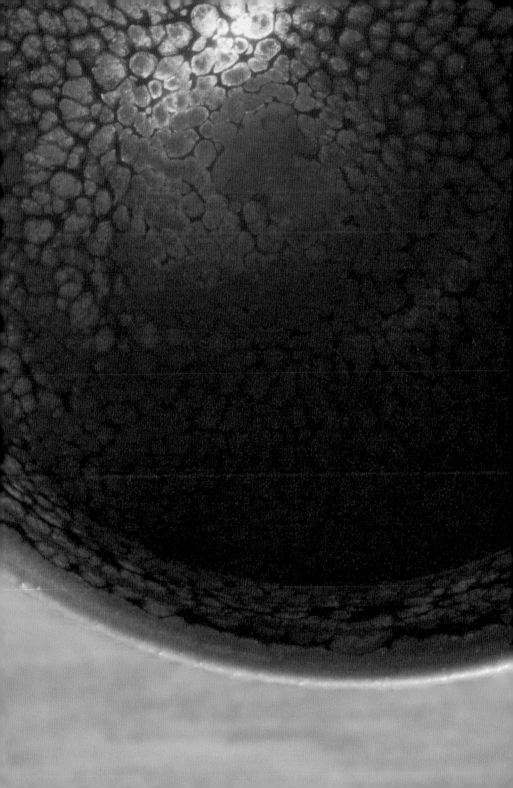

LA CULTURE OMBRAGÉE

De 1641 à 1853, le Japon fut isolé en raison d'une politique, le sakoku, qui inter-
disait les relations avec le monde extérieur à l'archipel. Coupés de la Chine,
d'où ils puisaient leur inspiration, les producteurs japonais durent faire preuve
d'imagination. C'est ce que fit Kahei Yamamoto en 1835, lorsqu'il mit au point
le procédé de culture ombragée.

Ce procédé est unique dans l'univers du thé. Au printemps, on place au-dessus
des théiers un dispositif qui fait de l'ombre, ce qui ralentit la croissance des
feuilles. Ce dispositif est traditionnellement fait de paille, mais on le remplace
souvent aujourd'hui par des toiles ajourées qui peuvent réduire l'ensoleillement
de 60 à 95 %.

Cette période ombragée se divise généralement en deux cycles d'une dizaine
de jours chacun. Le premier commence lorsque les nouvelles pousses atteignent
environ 2 centimètres. Vient ensuite le second cycle, où l'on maintient le théier
pratiquement dans le noir.

La privation de lumière crée des conditions très difficiles pour les théiers qui,
pour survivre, doivent produire davantage de chlorophylle. Pour ce faire,
ils puisent dans le sol plus d'éléments nutritifs qui seront distribués dans les
feuilles, dont la structure moléculaire se modifie. De façon générale, la propor-
tion de catéchine diminue au profit des sucres, d'acides aminés et de nombreux
composés aromatiques. Sur le plan gustatif, les thés de culture ombragée sont
moins amers.

Privés de lumière, les bourgeons croissent plus lentement. On les cueille d'ailleurs plus tard au printemps. Pour maximiser le nombre de jeunes pousses
le long de la tige, on ne taille pas ces théiers. Les cueilleuses doivent donc
dégager chaque tige une à une. C'est pourquoi, pour les meilleurs crus, et

malgré le coût de la main-d'œuvre, on doit récolter à la main les feuilles des théiers de culture ombragée.

Utilisée pour produire les gyokuro, kabusecha, tencha et matcha, ce type de culture engendre généralement des thés aux arômes iodés, possédant une forte présence végétale, presque sucrée, avec une liqueur grasse peu astringente.

Les Japonais ont une grande estime pour ces thés qui sont cultivés et transformés avec beaucoup de soins. Le respect qu'ils vouent aux produits haut de gamme s'exprime par des techniques de préparation et de dégustation très minutieuses (voir « Préparation du thé en *senchado* », p. 164).

FRAÎCHEUR ET THÉ VERT

Avec leurs délicats parfums floraux, leurs subtiles notes d'herbes fraîches, leurs accents marins, les thés verts devraient être consommés frais. Quelques mois seulement après la cueillette s'envolent certaines notes aromatiques qui font l'éclat des récoltes printanières.

Pour retarder le vieillissement des thés verts, les Japonais ont eu une bonne idée : selon la demande et la quantité de thé à produire pour l'année, ils emballent sous vide une certaine quantité d'*aracha* (le produit brut qui doit subir d'autres procédés de transformation avant d'être vendu aux consommateurs) qu'ils mettent ensuite dans d'énormes congélateurs. Ainsi, l'*aracha* reste frais, jusqu'à ce qu'il soit décongelé pour être conditionné.

Si la congélation des feuilles de thé brut est une pratique propre au Japon, d'autres pays producteurs ont recours à l'emballage sous vide. Peu à peu, cette pratique se généralise. En Chine, on le fait moins pour conserver sa fraîcheur au thé que pour en faciliter la vente. Les emballages de 5 ou 10 grammes, particulièrement pour les wulong, sont devenus très populaires. Certains producteurs de thés verts hésitent, toutefois, parce que l'emballage sous vide peut briser les feuilles.

À la maison, les conditions de conservation des thés verts devraient respecter trois règles.
1) Le contenant dans lequel on met les feuilles doit être hermétique, pour les exposer le moins possible à l'air ambiant. Au contact de l'air, le processus de vieillissement des feuilles s'accentue, les composés aromatiques se dissipent et l'humidité contenue dans les feuilles, nécessaire à toute bonne infusion, s'évapore.

2) Pour éviter que la couleur des feuilles se dégrade et que le goût s'altère, le thé doit être mis à l'abri de la lumière et de la chaleur. Les contenants en verre sont donc à éviter, à moins de les ranger dans un espace privé de lumière.

3) Comme le thé a tendance à absorber les odeurs, il doit être conservé loin des aliments au parfum puissant, comme le café et les épices.

LES WAGASHI

Le façonnage de ces véritables petits bijoux a été raffiné pendant des siècles, grâce à une tradition transmise de génération en génération. Aujourd'hui, ils s'intègrent parfaitement à la cuisine japonaise qui accorde tant d'importance à la beauté de la présentation. Ce sont les wagashi, ces pâtisseries japonaises traditionnelles qui ravissent l'œil, le goût et l'esprit!

Chaque région du Japon a développé son style de wagashi. Profitant du fait que les voyageurs aiment rapporter chez eux ces petites offrandes sucrées, des fabricants tiennent des stands très fréquentés dans les gares du pays, où ils vendent des wagashi typiques de leur région.

Pour exalter leur forme simple et poétique, on apporte un soin immense à la présentation. Emballés individuellement ou dans de belles boîtes compartimentées qui en amplifient le contraste des couleurs, ils portent des noms comme daifuku, dango, dorayaki, manjû, youkan, et sont pour la plupart des wagashi du quotidien, faits pour être dégustés avec le thé, de façon informelle.

D'autres wagashi plus sophistiqués célèbrent les beautés de la nature. On les intègre souvent à la cérémonie du thé. Formes, couleurs et saveurs doivent s'harmoniser au thème choisi. Façonnés par les mains agiles des maîtres pâtissiers qui en font de véritables petites œuvres d'art, ils participent aux plaisirs esthétiques et gustatifs liés à la cérémonie.

Nous vous suggérons deux recettes de wagashi qui accompagneront à merveille vos thés préférés. La première, traditionnelle, exige temps et patience. La seconde, plus contemporaine, est facile à réaliser.

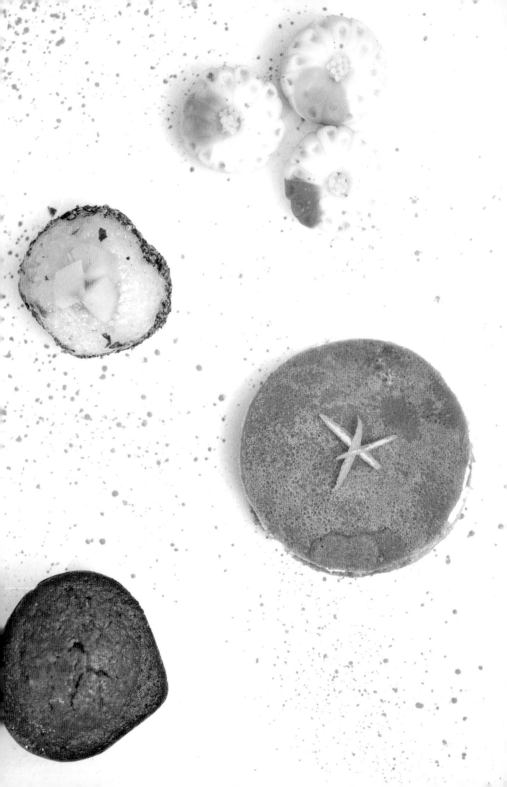

CHAKKURI MOCHI

(Donne 10 mochi)

Riz gluant	100 g (½ tasse)
Eau	50 ml (¼ tasse)
Thé vert japonais	
(type sencha)	1 c. à café
Sucre	2 c. à soupe
Une pincée de sel	
Pâte d'azuki *	
ou azuki-anko	100 g (3 ½ oz)
Marrons (kuri)	
en conserve dans le sirop	5

Graines de sésame noir ou 10 feuilles de shiso rouge (pour la décoration)

D'abord, rincer le riz gluant et le faire tremper dans 1 litre d'eau pendant toute une nuit. Le lendemain, égoutter et frotter le riz entre les mains pour écraser les grains.

Faire chauffer l'eau dans une étuveuse et mettre un linge suspendu dans la partie supérieure. Glisser le riz dans le linge, couvrir et faire cuire à la vapeur pendant 20 minutes. Réserver.

Préparer l'infusion de thé : Dans un petit bol, verser 50 ml d'eau chaude (85 °C). Ajouter 1 c. à café de thé vert sencha et laisser infuser 5 minutes.

Incorporer l'infusion de thé au riz, mélanger le tout et laisser reposer 1 heure.

Cuire de nouveau le riz à la vapeur pendant 15 minutes, selon la même technique.

Ajouter le sucre et la pincée de sel. Mélanger de nouveau et laisser refroidir pendant 1 heure à découvert, à la température ambiante.

Pour façonner les boules de riz, mouiller les mains, prendre une petite quantité de riz, faire un petit trou pour y glisser un peu de pâte d'azuki et former la boule.

Découper en quatre le marron et mettre un morceau sur le dessus de chaque mochi.

Pour la décoration : Si on utilise les graines de sésame, les mettre dans un bol et tamponner le mochi (boule) à la moitié de sa hauteur.

Si on utilise les feuilles de shiso rouge, les laver et les égoutter. Saupoudrer de sel et laisser reposer 30 minutes. Ensuite, les rincer grossièrement pour que reste un léger goût de sel. Déposer le mochi sur la feuille et replier les bords pour que le mochi soit à moitié recouvert.

---

* On peut trouver la pâte d'azuki dans les épiceries asiatiques spécialisées, ou on peut la faire soi-même (voir recette p. 115).

(Donne 8 crêpes)

Crêpes

Thé vert en poudre (par exemple : matcha suisen)	10 g (⅛ tasse)
Farine non blanchie	70 g (½ tasse)
Fécule de maïs	1 c. à soupe
Œufs	2
Sucre	45 g (¼ tasse)
Lait	250 ml (1 tasse)
Beurre non salé	2 c. à soupe

Crème fouettée

Crème à fouetter	70 ml (⅓ tasse)
Sucre	½ c. à soupe
Pâte d'azuki* ou azuki-anko	50 g (1 ¾ oz)

Dans un bol, tamiser le matcha une première fois. Ajouter la farine et la fécule, et tamiser le tout une seconde fois. Faire un trou au centre du mélange obtenu.

Dans un autre bol, fouetter doucement les œufs et le sucre. Ajouter le lait et mélanger délicatement. Verser peu à peu le tout au milieu de la farine et du thé et mélanger doucement.

Faire fondre le beurre, l'ajouter au mélange et combiner pour rendre le tout homogène.

Tamiser le mélange pour qu'il soit plus lisse et laisser reposer à température ambiante pendant 1 heure.

Fouetter la crème avec le sucre. La mélanger ensuite avec la pâte d'azuki et réserver au frigo pendant 10 minutes.

Cuire de petites crêpes et laisser refroidir. Garnir les crêpes avec la crème fouettée et les plier en deux.

---

* On peut trouver la pâte d'azuki dans les épiceries asiatiques spécialisées, ou on peut la faire soi-même (voir recette p. 115).

Crêpe au matcha

PÂTE D'AZUKI (AZUKI-ANKO)

Fèves azuki sèches   150 g (5 oz)
Sucre   150 g (¾ tasse)
Pincée de sel

Faire bouillir les fèves dans l'eau pendant 15 minutes. Changer l'eau et faire cuire les fèves de nouveau à petit feu, jusqu'à ce qu'elles soient tendres (environ 1 heure).

Maintenir le niveau d'eau durant la cuisson.

Bien égoutter.

Ajouter le sucre.

Poursuivre la cuisson à petit feu tout en mélangeant constamment, jusqu'à consistance homogène. (Il est important de remuer assez longtemps pour faire évaporer l'eau contenue dans les fèves.)

Ajouter le sel.

Laisser refroidir.

Le mélange se conserve au réfrigérateur quelques jours, trois semaines au congélateur.

LA NAISSANCE DE LA POTERIE *RAKU*

Le 28 février 1591, condamné au suicide par le puissant Hideyoshi, Sen No Rikyū organise une dernière cérémonie avec ses fidèles, mais pour conjurer le sort avant de se donner la mort, il brise son bol à thé. D'une valeur inestimable, ce bol avait été probablement fabriqué par Chojiro qui, suivant les conseils et les exigences de Rikyū, est à l'origine de ce type de céramique.

Le bol, un des objets essentiels à la cérémonie japonaise du thé, commença à s'imposer au XVIe siècle par sa conception originale. Auparavant, la plupart des bols étaient faits en Chine ou en Corée, mais n'étaient pas spécialement conçus pour cette cérémonie. Lorsque Sen No Rikyū réforma et codifia la « Voie du thé », il s'intéressa davantage à la céramique locale et rechercha des objets simples, nobles et discrets, à l'image de cet art de vivre spirituel et esthétique.

Sen No Rikyū écarta d'abord la perfection de la porcelaine pour la simplicité de la terre cuite, mieux adaptée à l'esprit de la cérémonie. À Chojiro, un fabricant de tuiles, il commanda un nouveau type de bol moins évasé, cylindrique, aux rebords tournés vers l'intérieur, qui pouvait conserver le thé chaud pendant la saison froide.

Pour respecter les exigences de Rikyū, Chojiro dut inventer une nouvelle technique de fabrication. C'est ainsi qu'il mit au point la *tezukune*, méthode qui aurait été héritée des Coréens.

Selon la *tezukune*, chaque bol est façonné à la main avec du grès chamotté pouvant résister à de grands chocs thermiques. À partir d'une plaque de cette argile, on lève petit à petit l'argile des côtés, jusqu'à former le bol entier. Puis on taille l'intérieur, l'extérieur et le pied du bol avec une spatule. Avant la cuisson, on applique une glaçure.

Le recours à la cuisson rapide fut aussi révolutionnaire. Appelée *hikidashi*, cette méthode consiste à mettre le bol dans le four chaud quelques minutes et à le retirer avant la vitrification de l'émail. Chaque bol est cuit individuellement pour être ensuite refroidi à la température ambiante. Cette cuisson rapide permet d'obtenir une poterie poreuse aux parois épaisses, agréable au toucher.

Chojiro réussit donc à créer des bols uniques, d'une nature imparfaite, dépouillés des décorations de l'époque et s'intégrant parfaitement à la cérémonie du thé. Pour son travail, il reçut du shogun Taïko-Sama un sceau gravé de l'idéogramme « *raku* », évoquant le plaisir, la joie et la jouissance spirituelle. Il put, dès lors, apposer ce sceau sur ses œuvres. Ainsi, Tanaka Chojiro devint le premier d'une longue lignée de potiers japonais qui continuent aujourd'hui – après 17 générations – de perpétuer l'essence de la poterie *raku*.

Aujourd'hui, bien que le terme *raku* soit appliqué aux poteries produites selon le même processus de fabrication, leur nombre diminue au Japon. Autrefois, la tradition voulait que chaque femme, au moment de se marier, apporte dans son « trousseau » un bol *raku*. L'abandon de cette tradition a réduit considérablement la demande.

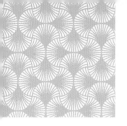

LE *ROJI*, UN LIEU DE PASSAGE

Roji est le nom donné au chemin composé de pierres naturelles qui mène au chashitsu, le pavillon de thé. Avant de participer à une cérémonie, les invités empruntent le roji qui les conduit dans différentes sections du jardin attenant au chashitsu. Au cours des siècles, plusieurs maîtres de thé en ont élaboré différents aspects, jusqu'à ce que Sen No Rikyū (1522-1591) y apporte une dimension spirituelle.

Rikyū imagina le *roji* comme un lieu de passage, le dernier espace à franchir avant d'accéder au pavillon de thé. Le *roji* devait donc être une étape préparatoire à la cérémonie, où régnait l'esprit du thé. Expérience méditative empreinte de sérénité, la traversée du *roji* devait être une transition entre la vie quotidienne et le monde spirituel. Pour Okakuro Kakuzo, auteur de l'incontournable *Livre du thé*, « traverser le *roji*, c'est rompre tout lien avec le monde du dehors et découvrir une sensation de fraîcheur préparant à la jouissance esthétique de la chambre de thé elle-même ».

Vers la fin du XVIe siècle, d'autres maîtres de thé, tel Furuta Oribe, ont apporté une nouvelle dimension au *roji*. En plus de créer des effets d'optique pour faire paraître le jardin plus vaste, Oribe divisa le *roji* en deux sections : le *roji* extérieur (*sotoroji*), correspondant à la zone d'entrée, et le *roji* intérieur (*uchiroji*). La porte qui sépare ces deux sections symbolise la frontière entre les mondes profane et sacré.

Idéalement, le jardin doit évoquer la beauté pure et sobre de la nature. L'invité qui suit le *roji* jusqu'au *chashitsu* doit avoir l'impression de découvrir une humble chaumière. Plusieurs éléments sont alors mis à contribution.

TOBI-ISHI

Le *roji* est composé de pierres, *tobi-ishi* ou « pierres volantes », disposées selon un code très précis. Elles doivent guider les pas de l'invité à travers le jardin. À l'origine, elles permettaient aussi aux visiteurs de parcourir le jardin sans se salir. Aujourd'hui, leurs différentes formes et tailles dirigent « naturellement » l'invité. Les petites pierres, par exemple, ralentissent sa marche et détournent son attention. Les pierres plus larges marquent un point propice à l'observation du jardin ou incitent l'invité à s'arrêter. La disposition de ces pierres rythme ainsi la marche jusqu'au *chashitsu*. Lors des chaudes journées d'été, on arrose parfois ces pierres pour rafraîchir le jardin.

TSUKUBAI

Autre élément essentiel qui compose le *roji*, le *tsukubai* est une vasque destinée aux ablutions précédant la cérémonie du thé. On s'y purifie les mains et la bouche. Souvent placé au ras du sol, le *tsukubai* force les invités à s'accroupir. On peut y trouver une louche de bambou. Les pierres entourant le *tsukubai* ont chacune une fonction spécifique, selon leur emplacement.

TÔRÔ

Utilisées pour les cérémonies qui ont lieu en soirée, les *tôrô* sont des lanternes en pierre, à la fois pratiques et esthétiques. On les trouve souvent près du *tsukubai* ou du *chashitsu*, où elles éclairent les pas des visiteurs.

J'ai regardé au-delà :
point de fleurs
ni de feuilles colorées.

Sur la plage se dresse une cabane solitaire
dans la lumière défaillante
d'un soir d'automne.

Ancienne chanson japonaise qui, aux yeux de Sen No Rikyū, renferme le secret de l'élaboration d'un *roji*.

L'aménagement du *roji* incite le visiteur à prendre conscience de lui-même et de son environnement. En l'amenant à « regarder au-delà » des choses, le *roji* lui permet d'oublier les préoccupations quotidiennes pour atteindre la sérénité nécessaire à la cérémonie du thé.

LE DERNIER MATCHA D'UN SAMOURAÏ

Imaginez-vous être un samouraï au XVIe siècle. Vous devez prendre part, au nom de votre souverain, à une bataille perdue d'avance. Il vous reste une chose à faire avant de vous lancer dans le combat : parcourir le roji jusqu'au chashitsu, où l'on vous servira votre dernier bol de thé.

Le chashitsu a été construit à l'écart, au fond d'un jardin. Vous remarquez le sentier propre, les pierres fraîchement arrosées, les fleurs qui colorent le jardin. Le sentier mène au tsukubai, la vasque en pierre. Vous vous purifiez la bouche et les mains avec cette eau fraîche.

L'hôte est là. Il vous invite à entrer dans le pavillon. La porte, basse et étroite, vous oblige à laisser votre sabre à l'extérieur. C'est le seul endroit où vous acceptez de vous désarmer ainsi. Pour la cérémonie, un petit éventail fixé à la ceinture symbolise votre sabre.

Dans le chashitsu, la lumière est tamisée, un léger parfum d'encens flotte dans l'air, l'eau chauffe dans le kama. Vous vous dirigez vers le tokonoma pour y lire le poème calligraphié. Les fleurs sont belles. Ensuite vous vous agenouillez à votre place.

Le thème de la cérémonie a été judicieusement choisi par l'hôte assis paisiblement sur le tatami. Il attend le moment propice. Vous êtes profondément concentré, les sens en éveil.

Ses premiers gestes sont précis, admirables. Les instruments, parfaitement agencés, sont simples, nobles et beaux. Il les manipule avec respect, les purifie et les dispose harmonieusement. Il met deux cuillerées de poudre de thé vert dans le bol réchauffé. Puis, d'un mouvement plus ample, il puise l'eau dans le kama, en verse sur le thé, prend le chasen et fouette le thé quelques secondes, jusqu'à ce qu'il obtienne une mousse de jade.

124 / 125

L'hôte dépose ensuite le bol devant vous. Vous attendez un instant avant de le prendre. Le thé est d'un vert scintillant qui vous rappelle l'éclat des herbes après la pluie. Hypnotisé par cette couleur, vous plongez, l'esprit libre.

Le temps s'immobilise. Dehors, la guerre n'est plus. Votre vie vous apparaît comme une ligne droite et pure.

Vous prenez le bol avec assurance, le déposez dans le creux de votre main gauche. Vous lui faites faire un demi-tour sur lui-même et le portez lentement à vos lèvres. La première gorgée vous surprend comme un coup de fouet : le liquide est onctueux et son amertume illumine votre esprit. La gorgée suivante, douce et savoureuse, vous procure un réconfort inespéré. Vous l'appréciez tranquillement. La troisième est un plaisir sublime. Une agréable sensation de légèreté vous envahit.

Et tandis que vos lèvres touchent une dernière fois le bol, dehors la terre tremble.

Vous considérez le bol et les instruments, vous vous imprégnez du poème calligraphié sur le mur, vous saluez votre hôte et sortez, les sens en alerte et l'esprit en paix.

▬▬▬▬

和氣清津

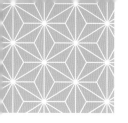

RENCONTRE AVEC UN INITIÉ
DE LA CÉRÉMONIE DU THÉ

RICHARD CHAPDELAINE,
ÉLÈVE DE KAGEMORI SENSEI DE L'ÉCOLE URASENKE DE MONTRÉAL

Au Japon, plusieurs écoles enseignent la cérémonie du thé et les étudiants sont nombreux, mais on rencontre rarement en Occident des personnes qui la pratiquent à un niveau avancé. Qu'est-ce qui vous a incité à étudier et à pratiquer la cérémonie du thé ?

Avant de connaître cette cérémonie, je pratiquais le karaté, je m'intéressais aux haïkus (courts poèmes) et à l'ikebana (arrangements floraux). J'aimais l'art et la culture du Japon. Puis, en 1989, un ami m'a présenté à Kagemori Sensei de l'école Urasenke et tout de suite j'ai eu un coup de foudre pour le chanoyu : la gestuelle, l'esthétique, les concepts de base, la « Voie du thé ». J'avais trouvé un univers qui me convenait parfaitement.

Vous pratiquez la cérémonie du thé japonaise depuis plus de 20 ans. Avez-vous éprouvé certaines difficultés ?

Dans la culture japonaise, l'apprentissage d'un art se transmet « d'une âme vers une autre âme », c'est-à-dire que le maître peut nous faire découvrir par nous-mêmes un geste, une nuance, au lieu de nous souffler la solution. Ainsi, cette information se grave dans notre esprit.

Pour un Occidental, le pourquoi de chaque chose est primordial, mais pour un Japonais le respect et la confiance s'expliquent aussi entre les lignes. Les étapes s'enchaînent, une à une. C'est cela, la « Voie du thé ».

Quant aux manipulations, les plus complexes sont celles qui ont trait aux petits objets, par exemple le chashaku. Toyotomi Hideyoshi disait : « Celui qui peut manipuler correctement un chashaku dans un salon de thé saura manier un sabre. » Ce sont les nuances dans les gestes qui sont difficiles à acquérir.

Les premières années, je m'exerçais deux fois par jour : à cinq heures du matin, avant de commencer ma journée, et le soir avant de me coucher. Aujourd'hui, j'exécute la cérémonie tous les jours, mais j'intériorise davantage la philosophie. Je suis moins stressé, je laisse place à l'erreur qui en fait n'en est pas une. Maintenant, la « Voie du thé » fait partie de ma vie.

Les Japonais disent qu'il existe presque autant de procédures pour la cérémonie que de raisons de se réunir pour boire du thé.

C'est vrai, mais je n'ai pas axé mon apprentissage sur une procédure en particulier. Si je reçois un ou des invités, mon seul plaisir consiste à offrir un bol de thé en respectant le mieux possible les concepts de base. Aucun détail n'est laissé au hasard : la décoration de l'alcôve, le choix des poteries, le type de procédure, les mille et un détails qui précèdent l'arrivée des invités. En vertu des quatre concepts de base – l'Harmonie, le Respect, la Pureté et la Tranquillité –, ils peuvent vivre ce moment unique.

Cette passion pour la « Voie du thé » a-t-elle eu des répercussions sur votre vie quotidienne ?

Grâce à cette discipline, j'ai appris à me focaliser sur ce que je fais, et non pas sur ce que je ferai. Une des notions de la « Voie du thé » est aussi de savoir s'arrêter. Il faut apprendre à accorder de l'importance à tout ce qu'on fait, dans les moindres détails, à chaque instant. Mais « demain est un autre jour », comme on dit au Japon. L'important, c'est ce qui se passe ici et maintenant.

AUTRES REGARDS

La culture du thé vert est présente dans toute l'Asie et bien que l'influence de la Chine et du Japon soit omniprésente, la plupart des pays producteurs l'intègrent à leur culture en adaptant les méthodes de fabrication à leur goût, leurs besoins ou les demandes du marché.

LE THÉ DANS LA RUE AU VIETNAM

Ils sont plusieurs centaines de personnes installées aux coins des rues, près des carrefours achalandés, à préparer le thé pour les passants. Du matin au soir, pour environ 15 cents le verre, les travailleurs sont nombreux à y prendre leur pause, assis sur des bancs de plastique, avant de repartir vaquer à leurs occupations.

C'est à un de ces carrefours de Hanoi que Mme Thin tient avec sa mère un petit kiosque de thé. Tous les jours, beau temps, mauvais temps, elles partagent les quarts de travail. Dès 5 heures du matin, la mère s'occupe de monter le kiosque pour les premiers clients qui sont souvent des travailleurs de nuit. Vers 10 heures, Mme Thin vient prendre le relais jusqu'à la fermeture en début de soirée.

Le thé vert utilisé dans ces kiosques est fait de feuilles entières et torsadées. Mme Thin le prépare en infusion libre, c'est-à-dire qu'elle laisse les feuilles au fond de la théière pour en extraire toutes les saveurs. Même si elle rajoute de l'eau chaude sur les feuilles quelques fois avant de les changer, il faut s'attendre à un thé relativement corsé et amer, qui plaît aux Vietnamiens. Ainsi, toute la journée, placée sur un réchaud au gaz propane, la bouilloire pleine reste chaude, prête pour de nouvelles infusions.

Au Vietnam, ces petits commerces ont une fonction sociale importante. On y discute des nouvelles du jour, on y partage des passions et des connaissances, on s'y détend simplement, en bonne compagnie. Pour Mme Thin, ce qui importe, c'est que ses clients aiment son thé et sachent l'apprécier. Elle nous dit avoir beaucoup de plaisir à les entendre discuter de la couleur et du goût de ses préparations.

CHÈ Thìn

Thơm Ngon Đặc Biệt

25 HÀNG THAN   ĐT : 9271920

Selon elle, la qualité du thé dépend beaucoup de la qualité de l'eau. Son secret est d'en laisser reposer toute la nuit dans des jarres. Pendant la journée, Mme Thin peut compter sur l'aide d'une personne qui fait l'aller-retour de chez elle au kiosque pour lui rapporter l'eau nécessaire à ses infusions.

Pour s'approvisionner en thé, elle se rend chez les producteurs à Thai Nguyen. Là-bas, on choisit le thé surtout en sentant et en mâchant les feuilles. Faire ces achats est pour elle assez difficile, nous avoue-t-elle. Percevoir les qualités et les défauts des thés, dans le but de les sélectionner, demande beaucoup d'expérience. Elle préfère préparer le thé à son kiosque.

Lorsqu'il est question de l'avenir, Mme Thin se fait plus discrète. De plus en plus d'immeubles sont achetés par de grands magasins et il manquera bientôt d'espace sur les trottoirs pour les kiosques. À ces mots, un client intervient et dit que, du train où vont les choses au Vietnam, Mme Thin pourra rester là encore cent ans !

Nous lui avons souhaité bonheur et prospérité avant de reprendre la route.

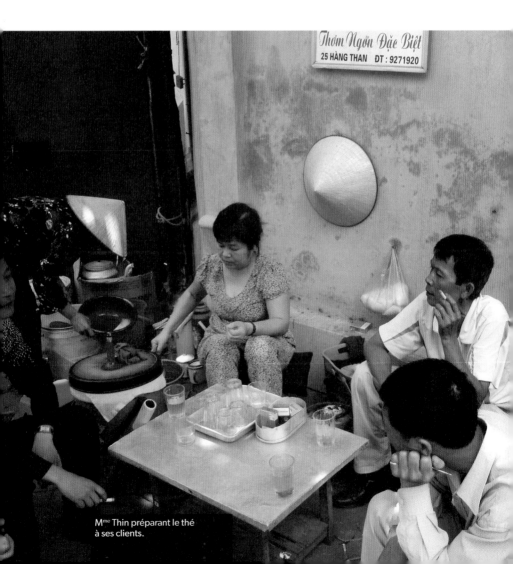

Mme Thin préparant le thé
à ses clients.

LE THÉ AU FÉMININ

*Dans l'univers du thé, si les femmes sont nombreuses à participer à la cueil-
lette, elles se consacrent moins aux tâches liées à la production, la plupart du
temps réservées aux hommes. Cela dit, ce n'est pas le cas partout : dans la
région de Thai Nguyen, au Vietnam, une majorité de femmes se chargent de
toutes les étapes de la production du thé, de la plantation à la vente.*

Selon la très active et très inspirante Mme Hiep, 67 ans, la place prépondérante
des femmes dans sa coopérative reflète la réalité du Vietnam, où les femmes
occupent 80 % des postes dans le domaine du thé. Sur les 37 membres que
compte cette petite entreprise, il n'y a que cinq hommes. Ensemble, en partageant les tâches et les équipements, hommes et femmes produisent principalement du thé vert aux grandes feuilles torsadées destiné à la population locale.

Malgré la qualité des thés produits à Thai Nguyen, région la plus renommée du
Vietnam, le marché est plutôt saturé. Plusieurs producteurs doivent restreindre
leur production pour éviter les surplus. En cherchant une façon de développer
ce marché tourné essentiellement vers des thés du quotidien, certains artisans
ont tenté de produire des thés aux petites feuilles, de meilleure qualité. Mais,
comme ils trouvent rarement preneur, ils reviennent à leur production régulière.

Cette réalité du marché, qui est aussi celle de plusieurs autres régions productrices, force donc certains producteurs à explorer d'autres voies. À la coopérative Tan Huong, on cherche depuis quelques années à diversifier les produits
en fabriquant du Wulong. Sur le marché international, le Wulong peut être
vendu jusqu'à quatre fois plus cher que le thé ordinaire, et la demande est en
croissance. Si la coopérative réussissait à introduire ce nouveau thé dans le marché international, les conséquences en seraient assurément positives.

Mme Hiep et ses collègues triant les feuilles fraîches.

Dans cette optique, les femmes de Tan Huong ont planté, dès 1997, des culti-vars servant à la production de cette famille de thé. Mais, sans expertise ni équipements pour transformer ces feuilles, elles n'ont pas encore réussi à en faire une production satisfaisante. Pour remédier à ce problème, la coopéra-tive s'est associée dernièrement à M. Xu, un spécialiste taiwanais, afin de mieux connaître le processus de transformation des Wulong et les nombreux para-mètres à respecter pour obtenir un thé de qualité.

D'après Mme Hiep, les récents progrès sont très encourageants, mais, avant de conquérir le marché extérieur, la coopérative devra relever de nombreux défis organisationnels quant au transport, aux transactions financières et au contrôle de la qualité. Quoi qu'il en soit, avec l'aide de M. Xu, la persévérance des membres et l'appui de nouvelles générations prêtes à prendre la relève, l'avenir de la coopérative Tan Huong semble prometteur.

Dégustation et analyse des lots de thé au marché de Thai Nguyen.

MONTAGNE DES NEIGES

*Au Vietnam, la production de thé vert est peu diversifiée. Celui-ci, principale-
ment d'entrée de gamme, est réservé au marché local. Pour savoir s'il n'y avait
pas quelque part une petite production originale, nous avons interrogé les
artisans locaux et les gens de l'industrie. De ces entretiens, un nom ressortait
souvent : Tuyet San, ou Montagne des neiges.*

Selon certaines personnes, ce thé devait être produit avec des feuilles de
vieux théiers. Nous pensions alors qu'il s'agissait d'un Pu Er, car on utilise traditionnellement les feuilles de vieux théiers pour produire les meilleurs crus
de cette famille de thé. Curieux de savoir si on en connaissait les techniques
de transformation dans cette région reculée du nord-ouest du Vietnam, et
avec l'espoir de découvrir un nouveau terroir de Pu Er, nous nous y sommes
rendus.

Après une journée de route à partir de Hanoi, nous arrivons donc dans ce petit
village, à plus de 1300 mètres d'altitude, où se trouve la plantation de M. et
Mme Hai. Ces arbres majestueux, plantés çà et là sur plusieurs versants, auraient
de 100 à 300 ans. Conscient de la valeur de cette plantation, M. Hai tient à la
conserver dans son état naturel.

Lorsque Mme Hai nous montre ses Tuyet San, nous découvrons avec stupéfac-
tion qu'il s'agit bien de thés verts et non de maocha (Pu Er en feuilles), comme
nous l'avions cru. Voyant notre intérêt, elle nous propose alors son grade le plus
élevé, dont les Hai produisent seulement quelques kilos par année.

Ce grade est constitué uniquement de bourgeons, ce qui lui donne une
allure de thé blanc. Son infusion, douce et aromatique, révèle les qualités
des vieux théiers dont il est issu. Comme les racines profondes des théiers

centenaires captent plus de minéraux dans le sol, les feuilles en contiennent davantage, et on a l'impression de goûter l'essence de l'arbre. Pour un thé vert, c'est un effet gustatif inusité.

Tout en appréciant la persistance du Tuyet San, nous ne pouvons nous empêcher d'imaginer que les feuilles de ces vieux théiers, parce qu'elles correspondent exactement au matériel végétal recherché dans le Yunnan pour la production de Pu Er, feraient sûrement un excellent thé vieilli.

LES THÉS VERTS INDIENS DU KANGRA

Pour répondre aux besoins de l'Occident, l'industrie du thé développée en Inde par les Britanniques au cours du XIXe siècle s'est spécialisée dans la production de thé noir. Des régions célèbres, telles Darjeeling, Assam et Nilgiri, ont émergé au cours des ans, alors que d'autres moins connues, comme celle du Kangra, cherchent encore à intégrer leur production au marché mondial.

Dans la vallée du Kangra, située dans l'Himachal Pradesh, les premières semences chinoises sont arrivées en 1849. Au cours des décennies suivantes, une petite industrie du thé s'est développée. La richesse du sol, le climat idéal pour cette culture et l'altitude avantageuse des jardins (1500 mètres) en ont fait un terroir similaire à celui de Darjeeling, propice à la production d'un thé de qualité.

Mais, contrairement aux régions d'Assam et de Darjeeling qui ont rapidement dominé le marché d'exportation, celle du Kangra s'est tournée vers les marchés locaux et les pays voisins. En 1900, on y produisait principalement du thé vert, dont une grande partie était expédiée à Amritsar par les routes commerciales du Cachemire, du Pakistan et de l'Afghanistan. Au plus fort de sa production, au cours de la première moitié des années 1900, Kangra exportait aussi son thé vers l'Afrique du Nord, où l'on buvait du thé vert à la menthe.

Aujourd'hui, la situation de cette industrie est précaire. Après une suite de catastrophes humaines et naturelles – épidémies, tremblements de terre et dépérissements répétés du marché –, elle survit grâce à sa production de thé vert destinée au Cachemire et à celle de thé noir envoyée à l'encan de Calcutta. La perte du marché afghan en raison de la guerre et l'abondance de thés verts provenant d'Assam, du Vietnam et de plusieurs autres régions d'Asie fragilisent davantage cette industrie.

Conséquemment, les producteurs du Kangra traversent une période difficile. En dépit de richesses végétales remarquables et d'un environnement favorable à l'élaboration de saveurs uniques, plusieurs décennies passées sans expertise commerciale ont relégué le Kangra dans l'oubli. Pour beaucoup de producteurs, les plantes qui constituent leurs jardins sont un fardeau au lieu d'être un héritage important. D'ailleurs, 40 % des jardins de thé sont laissés à l'abandon.

Lors d'un récent voyage, nous y avons néanmoins observé les signes d'une certaine renaissance. Quelques producteurs optimistes ont commencé à produire

de petites quantités de thés de haute qualité, mettant ainsi en valeur le potentiel de ce terroir indien. De plus, Kangra fait maintenant partie des quatre régions – avec Nilgiri, Assam et Darjeeling – qui possèdent leur appellation. Avec l'appui de l'Office national du thé (*Tea Board of India*), un organisme gouvernemental qui rassemble toutes les informations concernant l'industrie du thé en Inde, on a fait beaucoup d'efforts pour que cette région acquiert cette appellation d'origine contrôlée. Souhaitons que, dans les prochaines années, les thés du Kangra en profitent pour gagner en popularité.

En Inde, on consomme habituellement le thé avec des épices. Contrairement aux autres régions de l'Inde où ce thé, appelé *chai*, est principalement fait à base de thé noir, dans la région du Kangra il est préparé avec du thé vert.

Voici deux recettes originales de thés que nous avons goûtés au cours de nos voyages.

1. KAHWA

En préparant le thé vert de cette façon, on obtient un thé clair, une liqueur dorée rafraîchissante et subtilement épicée. En Inde, on réserve souvent cette recette pour des occasions spéciales ou des fêtes religieuses.

Ingrédients

Eau	1 litre (4 tasses)
Cardamome verte	2 gousses
Cannelle	1 bâton
Clou de girofle	2
Thé vert corsé	4 c. à café
Safran	1 pincée
Sucre ou miel	
Amandes blanchies et coupées	8

Préparation

Amener l'eau à ébullition avec la cardamome, la cannelle et les clous de girofle, et laisser mijoter de 5 à 10 minutes. Vous pouvez modifier la quantité d'épices à votre goût.

Ajouter les feuilles de thé et laisser mijoter de 4 à 5 minutes.

Dans un bol à part, infuser le safran dans 100 ml (env. ½ tasse) d'eau chaude pendant quelques minutes.

Filtrer la préparation contenant les feuilles de thé. Ajouter l'infusion de safran.

Sucrer au goût.

Servir chaud dans de petites tasses avec des morceaux d'amandes.

(On ajoute parfois des pétales de rose pour enrichir le thé d'une légère touche aromatique supplémentaire.)

2. GULAB CHAI

Le Gulab Chai est une boisson chaude et réconfortante, tout indiquée pour les rudes mois d'hiver dans les montagnes. Il ressemble au traditionnel *chai* que l'on boit partout en Inde et qui est préparé avec du lait ou une épaisse crème grumeleuse. Bien que les gens l'assaisonnent souvent avec du sel, on peut lui ajouter du sucre ou du miel.

Ingrédients

Eau	750 ml (3 tasses)
Thé vert corsé	4 c. à café
Bicarbonate de soude	½ c. à café
Cardamome verte	3 gousses
Anis étoilé	2
Lait	500 ml (2 tasses)
Pistaches	2 c. à soupe
Sucre, miel ou sel	

Préparation

Porter 500 ml (2 tasses) d'eau à ébullition dans une casserole. Ajouter le thé et le bicarbonate de soude et laisser mijoter de 20 à 25 minutes. Ajouter la cardamome, l'anis étoilé, et laisser bouillir encore de 5 à 10 minutes. Transvider en tamisant le liquide dans une autre casserole et ajouter 250 ml (1 tasse) d'eau froide. Ensuite, porter rapidement à ébullition en ajoutant le lait et les pistaches, tout en battant pour faire mousser. Ajouter le sucre, le miel ou le sel, au goût. Servir et déguster.

5. SÉCHAGE

Le séchage permet de chasser l'excédent d'humidité et de fixer les huiles aromatiques libérées pendant le roulage. Après cette étape, il ne reste que de 2 à 7 % d'eau dans les feuilles.

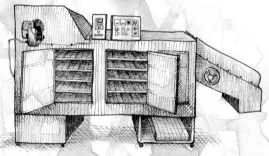

6. TRIAGE

Finalement, les feuilles sont passées au tamis ou dans diverses machines pour en retirer la poussière et les branches. Cette étape permet également de séparer les feuilles pour obtenir des grades variés.

4. ROULAGE

Le roulage des feuilles sert à briser leurs cellules pour qu'elles libèrent leurs huiles aromatiques. Selon le type de machine utilisée ou les méthodes manuelles employées par les artisans, les feuilles pourront avoir une apparence plate, torsadée, en aiguille ou en petite perle.

LE TEMPS DU THÉ VERT

Si en Asie le thé est bu à toute heure du jour, certains thés verts sont indiqués pour certains moments particuliers. Choisir un thé en fonction de l'heure, de son humeur, des conditions dans lesquelles il sera dégusté ou des personnes avec qui il sera partagé est encore la meilleure façon d'en apprécier toutes les vertus.

AURORE

Certains amateurs passionnés se lèvent à l'aurore pour profiter du silence matinal et déguster à jeun leur thé vert préféré. Le corps, disent-ils, est alors plus sensible et les multiples bénéfices de l'infusion sont plus perceptibles. C'est un moment parfait pour les grands crus soyeux et délicats. Le matin baignera dans une nouvelle lumière.

(Gyokuro, Kabusecha, Anji Bai Cha, Tai Ping Hou Kui)

MATIN

Si vous avez été élevé dans la tradition anglaise, où le petit déjeuner comporte un thé noir agrémenté de sucre et de lait, il vous sera peut-être difficile d'envisager le choix d'un thé vert pour accompagner votre repas du matin. Mais, si vous voulez tenter l'expérience, optez pour un thé vert à l'astringence soutenue. Il vous apportera le soutien nécessaire à tout petit déjeuner copieux.

(Dong Shan, Kamairicha, Du Yun Mao Jian)

APRÈS-MIDI

Les qualités gustatives et stimulantes du thé vert s'accordent particulièrement bien aux heures de l'après-midi. Certains s'en servent comme digestif, d'autres profitent de son effet énergisant, et tous ceux qui l'ont intégré à leur quotidien savent qu'il prépare aussi bien l'organisme à des tâches physiques qu'intellectuelles.

(Long Jing, Sencha Mobata, Wei Shan Mao Jian, Tan Huong)

SOIR

Si vous êtes très sensible à la caféine, évitez les thés verts en soirée, au risque d'échanger plusieurs heures de sommeil pour des heures de réflexion… Il existe tout de même certains thés verts moins forts en caféine. Les thés verts torréfiés en sont quelques bons exemples.

(Hojicha Shizuoka, Huiming)

INDEX DE DÉGUSTATION

● Antioxydant (µmoles /250 ml)   ● Caféine (mg /250 ml)

ANJI BAI CHA

Le Anji Bai Cha est un joyau de raffinement, à l'image de ses belles feuilles filiformes. Ses saveurs sucrées et acidulées sont rehaussées par des notes de noix de pin, de fruits, et par une sublime finale florale.

BAI HAO YIN ZHEN

Ce thé blanc, constitué uniquement de bourgeons, produit une liqueur pleine et soyeuse. Aux notes de paille et de banane mûre, elle ajoute une rafraîchissante finale florale évoquant la camomille.

BAI MU DAN

Le Bai Mu Dan est composé de bourgeons duveteux accompagnés de leur première feuille. Sa liqueur moelleuse au caractère boisé est équilibrée par des notes de lys et de cannelle d'une belle persistance.

BAI YE HUIMING

Créé à partir d'un cultivar moderne très apprécié, ce thé se compose de fins bourgeons et de feuilles aux reflets jaunes. Ronde et soyeuse, sa liqueur propose des accents d'asperge au beurre, de noisette fraîche et de fleurs délicates.

BI LUO CHUN

Ce thé célèbre du Jiangsu se présente sous forme de jeunes pousses fines, frisées, aux notes de fleurs printanières. Sa liqueur voilée, dense et savoureuse transporte des nuances de trèfle, de chocolat et de citron confit.

DONG SHAN

Agréable thé vert du quotidien, le Dong Shan possède un caractère herbacé, équilibré et savoureux. Ses subtiles notes de cacao et sa touche légèrement iodée accentuent sa liqueur ronde et limpide.

DU YUN MAO JIAN

Originaire du Guizhou, ce thé présente en apparence un beau contraste avec ses bourgeons argentés et ses feuilles frisées vert foncé. Sa liqueur légèrement voilée, vive et pleine, est complétée par d'agréables accents de melons et d'épinards frits.

GYOKURO SHUIN

Hautement complexe et aromatique, la liqueur vert sombre de ce gyokuro évoque l'épinard et l'algue wakame, laissant place à de subtiles notes marines.

HOJICHA SHIZUOKA

Ce thé est fait avec de grandes feuilles de fin de récolte qui, après avoir été torréfiées, possèdent cette couleur brune caractéristique des Hojicha. Son goût mielleux est magnifié par des notes de noix grillées et d'écorce.

HUANG SHAN MAO FENG

Issues des majestueuses montagnes jaunes d'Anhui, ces délicates jeunes pousses aux formes ouvertes évoquent la légèreté. La liqueur se déploie en souplesse, offrant une texture onctueuse aux accents boisés.

HUIMING

Possédant un bel équilibre aromatique et tannique, ce thé du Zhejiang est accessible et rafraîchissant. Légèrement huileuse, sa liqueur possède une agréable amertume nuancée par de doux parfums de fleurs des champs.

HUO SHAN HUANG YA

Les feuilles fragiles de ce thé vert annoncent une délicate expérience gustative. Sa liqueur désaltérante, zestée et acidulée, possède d'enivrants parfums floraux.

JINGNING BAI CHA

Le cultivar utilisé pour produire ce grand cru provient de théiers sauvages qui ont été reproduits par greffe. Ses tendres feuilles jaune-vert dévoilent une liqueur coulante, finement acidulée, aux notes de noisettes grillées.

JUN SHAN HUANG MAO JIAN

Ce thé jaune du Hunan de style Mao Jian, composé de bourgeons et de feuilles, offre une liqueur rosée, soyeuse et raffinée. Son riche bouquet floral et fruité se nuance d'une profonde finale gourmande rappelant la pâte d'amande.

JUN SHAN YIN ZHEN

Ces magnifiques bourgeons proviennent de l'île de Jun Shan, dans la province du Hunan, et sont transformés selon une technique ancestrale de fermentation à l'étouffée. La liqueur cristalline aux arômes de poire et d'artichaut est délicate et légèrement acidulée.

KABUSECHA TAKAMADO

Cultivé dans la région d'Uji au Japon, ce thé est issu d'une culture ombragée. Son infusion veloutée et sucrée, aux nuances de pois verts et de noix grasses, laisse apparaître une douce persistance marine.

LONG JING SHI FENG

Ce grand thé du Zhejiang confirme sa renommée avec la finesse de ses belles feuilles vert tendre et sa liqueur pleine et généreuse d'où émanent des parfums de châtaigne grillée, d'iode et de fleurs.

LU AN GUA PIAN

Ces longues feuilles torsadées aux teintes bleutées sont récoltées à la main, une à une, dans la province d'Anhui. Vivifiante, sa liqueur est agrémentée de notes d'avocat, de fleurs jaunes et d'iode.

2500 · 60 · p. 48

LUSHAN YUN WU

D'une fraîcheur désaltérante, ce thé vert du Jiangxi possède de belles feuilles et de nombreux bourgeons. Sa liqueur légèrement sucrée évoque les pois verts et les marrons chauds, en plus d'être bercée par une délicate persistance.

1665 · N/D · p. 44

MATCHA CHOAN

Produit à partir d'un gyokuro haut de gamme, ce matcha est d'une richesse incroyable. Son arôme de beurre frais est léger et subtil. Sucré comme le chocolat blanc, lacté et marin, il possède un équilibre qui frôle la perfection.

1212* · 51 · p. 124

MATCHA UJI

En préparant le matcha Uji, on découvre une liqueur veloutée, d'une saveur douce-amère, une touche iodée et des notes végétales d'herbes grasses.

1486* · 47 · p. 128

MENG DING HUANG YA

Composé presque entièrement de bourgeons, ce thé jaune du Sichuan dévoile à l'infusion de puissants arômes de noisettes. Sa douce liqueur savoureuse possède une finale sucrée et vanillée.

N/D · N/D · p. 60

NÉPAL FIKKAL

Feuilles et bourgeons ont été récoltés afin d'obtenir ce thé blanc du Népal. Dans la tasse, la liqueur aux teintes orangées est claire et dévoile de fins parfums boisés et floraux. En bouche, elle est vive et onctueuse, laissant une agréable sensation de légèreté.

N/D · N/D · p. 56

SENCHA ASHIKUBO

Provenant de la magnifique vallée d'Ashikubo, ce thé de type asamushi a subi un long séchage. Il en résulte une liqueur douce et savoureuse aux arômes de fruits exotiques et de maïs sucré.

900 · 48 · p. 80

SENCHA FUKAMUSHI AJI

Produit selon des méthodes artisanales, ce thé a subi une dessiccation plus longue conférant à sa liqueur une texture riche et veloutée. D'un vert éclatant, au goût d'amande, elle est soulignée par une longue persistance.

350 · 14 · p. 80

SENCHA TSUKIGASE

Entièrement réalisé par un artisan producteur de la préfecture de Nara, ce thé aux feuilles irrégulières dévoile ses qualités à l'infusion. Douce et désaltérante, sa liqueur au caractère d'herbe de blé et de cajous laisse une profonde persistance florale.

575 · N/D · p. 96

SENCHA YAMABUKI

Les feuilles aux reflets dorés de ce sencha libèrent à l'infusion une liqueur à la texture dense, veloutée, avec de délicats arômes de pousses de pois mange-tout et d'iode.

3015 N/D p. 90

TAI PING HOU KUI

Unique et légendaire, ce thé aux grandes feuilles striées et aplaties offre une liqueur soyeuse et éclatante, soulignée par de subtiles notes d'orchidée et de courgette grillée.

1750 59 p. 22

TAN HUONG

Ce thé est produit par une coopérative du nord du Vietnam. Sa liqueur vivifiante aux notes végétales et sucrées offre de généreux tanins qui combleront les amateurs de thés plus charpentés.

2435 56 p. 138

TEMOMICHA

Préparée avec soin dans un petit volume d'eau, la liqueur obtenue par l'infusion de ses longues feuilles en aiguilles est onctueuse et profonde. Ce thé, dont la persistance est soulignée par des parfums floraux complexes et enivrants, possède la finesse qu'une transformation manuelle peut apporter.

N/D N/D p. 84

TUYET SAN

De longs bourgeons duveteux provenant de vieux théiers sauvages composent ce thé vert du nord du Vietnam. Légère et sucrée, sa liqueur jaune clair possède une texture minérale agrémentée de vives notes d'artichaut et de longs parfums fruités rafraîchissants.

N/D N/D p. 142

ZHU YE QING

Ce prestigieux thé du Sichuan, aux magnifiques feuilles brillantes et uniformes, propose une liqueur vive aux notes de pousses de bambou, soutenue par une pointe d'astringence, un parfum floral et une finale sucrée.

2735 55 p. 64

---

* Antioxydant (µmoles = 100 ml).

BIBLIOGRAPHIE

BLOFELD, John. *Thé et Tao. L'art chinois du thé*, Albin Michel, 1997.

CHOW, Kit et Ione KRAMER. *All the tea in China*, China Books, 1990.

COLLECTIF. *China: Homeland of Tea*, 1994.

COLLECTIF. *Tea for two. Les rituels du thé dans le monde*, Crédit Communal, 1999.

MAISON DE THÉ CAMELLIA SINENSIS. *Thé. Histoire, terroirs, saveurs*, Les Éditions de l'Homme, 2009.

HEISS, Mary Lou et Robert J. HEISS. *The Story of Tea: A Cultural History and Drinking Guide*, Ten Speed Press, 2007.

IGUCHI, Kaisen. *Tea Ceremony*, Color Books, 1975.

KAKUZÔ, Okakura. *Le Livre du thé*, Éditions Philippe Picquier, 1996.

KURODA, Yukiaki et Yukihiko HARA. *Health Effects of Tea and Its Catechins*, Plenum Publishers, 2004.

PASQUALINI, Dominique T. et Bruno SUET. *Le temps du thé*, Marval, 1999.

SOUTEL-GOUIFFES, S. J. *La Voie des quatre Vertus (voie du thé). Expérience d'un itinéraire spirituel*, La Table d'Émeraude, 1994.

WANG, Ling. *Le thé et la culture chinoise*, Éditions Langues étrangères, 2006.

REMERCIEMENTS

Nous tenons sincèrement à remercier :

tous les producteurs de thé qui depuis plus de 10 ans nous accueillent, nous présentent le fruit de leur labeur et répondent à nos interminables questions avec beaucoup de générosité ;

nos nombreux traducteurs ainsi que les scientifiques et chercheurs des centres de recherche en Asie, toujours prêts à partager leur savoir ;

nos familles et amis qui, chaque année, nous soutiennent dans cette voie peu commune.

Merci à Jonathan Racine, notre plume, pour la patience, l'écoute, et pour cette relation auteurs/écrivain unique.

Merci à Sébastien Collin pour ses corrections inspirantes, à Kazuyo Fukunishi pour les recettes de wagashi et à Marie Bilodeau pour son apport artistique essentiel.

Merci à l'équipe des Éditions de l'Homme pour l'aide à la réalisation de ce projet d'écriture et au docteur Richard Béliveau pour les échanges passionnés autour d'une tasse de thé.

Merci au Jardin botanique de Montréal et à TransBioTech pour leur ouverture et leur intérêt à participer à ce projet.

Et, finalement, un grand merci à nos clients qui, par leur passion, nous encouragent dans cette façon différente de faire du commerce. Votre ouverture sur le monde nous poussera toujours à aller de l'avant.

Nous vous invitons à consulter notre site Web :
camellia-sinensis.com

Imprimé au Canada

EXPLORER
LA MATIÈRE

Le thé rend l'esprit agile et clair, il libère de toute tension, qu'elle soit mentale ou physique, et donne une telle sérénité que les soucis du monde se dissipent de sorte que tout ce qui, dans la vie quotidienne, agresse ou exaspère peut être oublié pour un temps.

Empereur Hui Tsung, 1082-1135

VERTES PROPRIÉTÉS

La vague de popularité du thé vert qui a déferlé en Occident au cours des dernières années a fait découvrir au public un monde riche de saveurs et de propriétés dont les Orientaux bénéficient depuis plusieurs siècles déjà.

Souvent considéré comme une panacée, le thé désaltère, diminue la fatigue, combat l'hypertension, soutient le système cardiaque, active la circulation du sang, réduit les risques de maladies coronariennes, favorise l'élimination des toxines, diminue le cholestérol, renforce le système immunitaire, aide la digestion. De plus, les grandes quantités de polyphénols qu'il contient en font un produit aux propriétés antioxydantes reconnues pour prévenir certaines formes de cancer. Ainsi, le thé permet aux personnes qui l'intègrent à leur alimentation quotidienne de profiter de ses avantages.

LE POUVOIR ANTIOXYDANT

Les antioxydants qu'on trouve à l'état naturel dans un aliment peuvent aider à neutraliser une partie des radicaux libres de l'organisme, ces molécules instables qui cherchent à se stabiliser en s'associant à d'autres molécules du métabolisme. Ce phénomène a pour effet de dénaturer les molécules saines et de les détériorer. L'organisme est doté d'une certaine réserve de molécules antioxydantes qui contrecarrent l'effet des radicaux libres en les neutralisant. Malheureusement, cette réserve peut parfois être insuffisante. C'est pourquoi la consommation quotidienne d'aliments riches en antioxydants peut prévenir ou retarder les dommages causés par les radicaux libres sur les cellules et les tissus du corps humain.

Les vertus anticancéreuses et protectrices qu'on attribue au thé sont majoritairement dues à la présence d'une sous-classe de molécules polyphénoliques, les catéchines. Ces composés antioxydants jouent un rôle de défense pour la plante. De toutes les catéchines, celle qui possède le plus grand pouvoir antioxydant est l'épigallocatéchine gallate (EGCG), et c'est celle qu'on trouve en plus forte concentration dans le thé.

Pour évaluer le pouvoir antioxydant de chaque thé, la méthode ABTS-TEAC*, une technique de criblage permettant de comparer plusieurs échantillons de

---

* ABTS : Composé chimique utilisé afin d'évaluer la capacité antioxydante d'un aliment.
TEAC (*Trolox Equivalent Antioxydant Capacity*) : Unité de mesure qui permet d'exprimer les résultats selon l'activité antioxydante exercée par un composé de référence, soit le Trolox, un équivalent soluble dans l'eau de la vitamine E.

même nature, a été utilisée. Bien qu'il soit difficile d'effectuer une simple analyse permettant de déterminer la capacité que peut avoir un aliment à participer à la neutralisation des radicaux libres, cette méthode d'analyse permet de reproduire divers mécanismes de piégeage des radicaux et donne une vue d'ensemble de la capacité que peut avoir un aliment à prévenir différentes maladies associées à la présence de radicaux libres dans le corps humain.

LA CAFÉINE

La caféine est un alcaloïde qui agit comme stimulant. On en trouve dans plusieurs produits naturels, dont le café, le thé, le yerba maté, le guarana et le cacao.

Reconnue depuis 1838 comme étant identique à la caféine du café, la caféine du thé (parfois appelée théine) s'en distingue par les liaisons qu'elle forme avec d'autres substances. Lors d'une infusion de thé, cet alcaloïde s'associe aux tanins qui exercent une action atténuante et régularisent son effet. Même si une tasse de thé contient moins de caféine qu'une tasse de café, son effet dure en moyenne plus longtemps. Alors que la caféine du café agit principalement sur la circulation sanguine, provoquant une accélération du rythme cardiaque, la caféine du thé stimule surtout le système nerveux central et le système cardiovasculaire en dilatant les vaisseaux sanguins de l'écorce cérébrale.

Le thé est donc plus un stimulant qu'un excitant. Il aiguise l'esprit, augmente la capacité de concentration et de réaction, élimine la fatigue et augmente l'acuité intellectuelle.

RÉSULTATS D'ANALYSES BIOCHIMIQUES

Pour faire suite aux données publiées dans notre premier ouvrage, Thé. Histoire, terroirs, saveurs, *nous avons poursuivi nos investigations sur le pouvoir antioxydant et la concentration en caféine de plus de 25 nouveaux thés verts.*

Les protocoles de recherche utilisés nous permettent d'indiquer la valeur réelle que contient un thé infusé selon les conditions que nous proposons pour sa dégustation. Chaque thé en feuilles a été infusé dans une théière en porcelaine, à raison de 5 g pour 500 ml d'eau. Les données ont été colligées « à chaud », après le temps d'infusion recommandé, soit dès que la liqueur a été transvidée dans une autre théière. Pour le thé en poudre (matcha), les analyses ont été menées avec 1,5 g de thé fouetté dans 100 ml d'eau. Tous les thés analysés ont été infusés avec de l'eau de source.

CONCENTRATION EN ANTIOXYDANTS*

Les thés en feuilles ont été infusés à raison de 5 g de thé dans 500 ml d'eau.

Thés	Pays producteur	Température de l'eau	Durée d'infusion	Concentration TEAC (µmoles / 250 ml)
Sencha Mobata	Japon	75 °C	3,5 min	3410
Dong Shan	Chine	85 °C	3,5 min	3180
Sencha Yamabuki	Japon	75 °C	3,5 min	3015
Sencha Haruno	Japon	75 °C	3,5 min	2770
Zhu Ye Qing	Chine	85 °C	3,5 min	2735
Lu An Gua Pian	Chine	85 °C	4 min	2500
Guricha	Japon	80 °C	3,5 min	2490
Tan Huong	Vietnam	85 °C	3,5 min	2435
Sencha Nagashima	Japon	75 °C	3,5 min	2280
Sencha Tsuyu Hikari	Japon	70 °C	3,5 min	2215
Long Jing Shi Feng	Chine	80 °C	4,5 min	2200
Bi Luo Chun	Chine	80 °C	3,5 min	2105
Anji Bai Cha	Chine	85 °C	6 min	1800
Huo Shan Huang Ya	Chine	80 °C	4,5 min	1785
Tai Ping Hou Kui	Chine	85 °C	6 min	1750
Lu Shan Yun Wu	Chine	80 °C	4,5 min	1665

(suite)

Thés	Pays producteur	Température de l'eau	Durée d'infusion	Concentration TEAC (µmoles / 250 ml)
Gyokuro Hokuen	Japon	70 °C	3,5 min	1535
Huiming Bai Ye	Chine	85 °C	4 min	1530
Lan Xiang	Chine	85 °C	4,5 min	1450
Huang Shan Mao Feng	Chine	80 °C	4,5 min	1310
Kamairicha	Japon	80 °C	3,5 min	1275
Gyokuro Shuin	Japon	70 °C	3,5 min	1255
Bocha	Japon	80 °C	3,5 min	1150
Bancha Shizuoka	Japon	85 °C	4,5 min	1075
Bai Mu Dan (blanc)	Chine	80 °C	6 min	1025
Xue Ya	Chine	85 °C	5,5 min	950
Sencha Ashikubo	Japon	75 °C	3,5 min	900
Xin Yang Mao Jian	Chine	80 °C	3,5 min	700
Bai Hao Yin Zhen (blanc)	Chine	75 °C	6 min	700
Sencha Tsukigase	Japon	75 °C	3,5 min	575
Huiming	Chine	85 °C	4,5 min	500
Gyokuro Tamahomare	Japon	65 °C	4,5 min	375
Sencha Fukamushi Aji	Japon	75 °C	3,5 min	350
Perles de dragon (jasmin)	Chine	85 °C	3,5 min	175

Les thés matcha ont été fouettés dans un bol à raison de 1.5 g de thé dans 100 ml d'eau.

Thés	Pays producteur	Température de l'eau	Durée d'infusion	µmoles / 100 ml
Matcha Suisen	Japon	70 °C	30 s	1808
Matcha Sendo	Japon	70 °C	30 s	1510
Matcha Uji	Japon	70 °C	30 s	1486
Matcha Asahi	Japon	70 °C	30 s	1406
Matcha Choan	Japon	70 °C	30 s	1212

---

* Mesurée au moyen de la méthode ABTS-TEAC.

CONCENTRATION EN CAFÉINE*

Les thés ont été infusés à raison de 5 g de thé dans 500 ml d'eau.

Thés	Pays	Température de l'eau	Durée d'infusion	Caféine (mg / 250 ml)
Dong Shan	Chine	85 °C	3,5 min	62
Gyokuro Shuin	Japon	70 °C	3,5 min	61
Lu An Gua Pian	Chine	80 °C	4,5 min	60
Tai Ping Hou Kui	Chine	85 °C	6 min	59
Kamairicha	Japon	80 °C	3,5 min	59
Lan Xiang	Chine	85 °C	4,5 min	58
Wei Shan Mao Jian	Chine	85 °C	3,5 min	58
Wuyuan Zi Mei	Chine	85 °C	3,5 min	58
Sencha Tsuyu Hikari	Japon	70 °C	3,5 min	58
Tan Huong	Vietnam	85 °C	3,5 min	56
Zhu Ye Qing	Chine	85 °C	3,5 min	55
Bi Luo Chun	Chine	80 °C	3,5 min	53
Sencha Mobata	Japon	75 °C	3,5 min	51
Xue Ya	Chine	85 °C	5,5 min	50
Sencha Ashikubo	Japon	75 °C	4,5 min	48
Long Jing Shi Feng	Chine	85 °C	4,5 min	48
Guricha	Japon	80 °C	3,5 min	45
Gyokuro Hokuen	Japon	70 °C	3,5 min	45
Sencha Haruno	Japon	75 °C	3,5 min	41
Bai Mu Dan (blanc)	Chine	80 °C	6 min	39
Sencha Nagashima	Japon	75 °C	3,5 min	37
Hojicha Shizuoka	Japon	95 °C	4,5 min	27
Bancha Shizuoka	Japon	85 °C	4,5 min	18
Bocha	Japon	80 °C	3,5 min	17
Bai Hao Yin Zhen (blanc)	Chine	75 °C	6 min	15
Gyokuro Tamahomare	Japon	65 °C	4,5 min	14
Sencha Fukamushi Aji	Japon	75 °C	4.5 min	14
Huiming	Chine	85 °C	4,5 min	13
Perles de dragon	Chine	85 °C	3,5 min	13

---

* Mesurée par chromatographie liquide-UV.

Les thés matcha ont été fouettés dans un bol à raison de 1,5 g de thé dans 100 ml d'eau.

Thés	Pays	Température de l'eau	Durée d'infusion	Caféine (mg / 100 ml)
Matcha Choan	Japon	70 °C	30 s	51
Matcha Sendo	Japon	70 °C	30 s	50
Matcha Uji	Japon	70 °C	30 s	47
Matcha Asahi	Japon	70 °C	30 s	44
Matcha Suisen	Japon	70 °C	30 s	42

THÉ GLACÉ ET CAFÉINE

Compte tenu de la popularité croissante du thé glacé, nous voulions savoir si les méthodes de préparation influencent la teneur en caféine. Comme nous proposons de laisser infuser les feuilles dans de l'eau froide pendant plusieurs heures pour obtenir de meilleurs thés glacés, nous avons analysé l'infusion de 7,5 g de thé dans 750 ml d'eau froide pendant 12 heures, pour la comparer ensuite à une infusion faite avec de l'eau chaude. Celle-ci a aussi été préparée avec 7,5 g de feuilles qui ont été infusées dans 325 ml d'eau chaude pendant 3,5 minutes avant d'être refroidie avec la même quantité de glace, à la suite de quoi les analyses ont été faites.

Les thés ont été infusés à raison de 7,5 g de thé dans 750 ml d'eau.

Thés	Pays	Température de l'eau	Durée d'infusion	Caféine (mg / 250 ml)
Long Jing glacé infusion chaude	Chine	85 °C	3,5 min	37
Long Jing glacé infusion froide	Chine	4 °C	12 h	26

INTERPRÉTATION DES RÉSULTATS

Grâce à ces nouvelles études et à plus de 70 thés analysés, nous comprenons mieux les facteurs qui peuvent influencer la concentration en caféine et en antioxydants du thé. En y associant les connaissances que nous avons acquises au cours de nos recherches sur le terrain, plusieurs interprétations nous semblent possibles.

Selon une de nos hypothèses, plus les feuilles subissent de traitements, plus il y a un impact négatif sur la quantité d'antioxydants qu'elles contiennent. À cet égard, la chaleur utilisée pour transformer les feuilles semble avoir un effet important. Nous remarquons qu'en général les thés ayant subi une dessiccation ou un séchage plus long ont une concentration d'antioxydants réduite par rapport à ceux qui subissent une courte dessiccation ou un court séchage. Donc, une longue dessiccation pourrait bien détériorer ou dénaturer certains composés chimiques.

De plus, la qualité du matériel végétal, comme la maturité de la feuille, aurait une influence sur sa teneur en caféine et en antioxydants. Les feuilles récoltées à un stade de maturité plus avancé en auraient probablement de plus fortes concentrations. La plupart des thés qui montrent les meilleurs résultats sont faits à partir de feuilles plus grandes, ce qui pourrait confirmer cette hypothèse.

Nous constatons également un lien entre la teneur en caféine et en antioxydants. La plupart des thés qui ont une forte teneur en caféine sont aussi ceux qui obtiennent un bon résultat quant à la concentration d'antioxydants.

Si l'on tient compte de tous les facteurs qui interviennent dans la production d'un thé, créant ainsi une grande diversité sur les plans du goût et des propriétés, il reste encore beaucoup de données à recueillir avant d'arriver à des conclusions sûres. C'est donc avec persévérance que nous continuons cette démarche scientifique afin de pouvoir proposer des réponses plus détaillées aux amateurs intéressés par les nombreux bienfaits du thé.

EAU, THÉ ET TEMPS

« Le thé n'est rien d'autre que ceci : faire chauffer de l'eau, préparer le thé et le boire convenablement. » Cette phrase de Sen No Rikyū résume bien la simplicité à laquelle il faut tendre dans la pratique du thé. Mais comment permettre au thé de révéler son plein potentiel ? Comment faire surgir ses subtilités cachées ?

L'art de la préparation du thé concerne essentiellement la maîtrise de l'infusion. Pour ce faire, on doit considérer plusieurs facteurs : la qualité de l'eau et du thé, la quantité de thé par rapport à la quantité d'eau, la température de l'eau et le temps d'infusion. Une fois qu'on a compris les rapports entre ces différents facteurs, préparer un thé devient plus intuitif.

Composés de délicats bourgeons et de tendres pousses, les thés verts sont fragiles. Une eau bouillante peut rapidement altérer leurs feuilles, atténuant ainsi les précieux arômes ; et une infusion trop longue peut accentuer leur amertume. Certaines précautions sont donc essentielles. En général, pour une infusion réussie, on utilise une cuillère à thé ou 2,5 g par tasse, une eau frémissante (de 70 à 85 °C) et une durée d'infusion de 3 à 5 minutes.

Diverses techniques de préparation vous permettent de varier les approches et de découvrir les nombreuses facettes d'un même thé. Les tableaux suivants présentent les paramètres d'infusion pour les principaux types de thés verts.

PRÉPARATION DU THÉ EN THÉIÈRE

1. Réchauffer la théière quelques secondes en y versant de l'eau chaude, puis vider la théière.

2. Déposer les feuilles à l'intérieur de la théière ou dans un filtre.

Infusion en théière	Dosage / tasse 250 ml	Température	Durée d'infusion	Remarque
Thé vert chinois à petites feuilles	1 c. à thé (2,5 g)	75 à 85 °C	3 à 5 min	Plus la qualité du thé est grande, plus il contient de bourgeons, et plus il faut diminuer la température de l'eau.
Thé vert chinois à grandes feuilles	1½ c. à thé (3 g)	75 à 85 °C	4 à 5 min	
Thé vert japonais	1 c. à thé (2,5 g)	65 à 80 °C	3 à 4 min	Pour les gyokuro et les sencha haut de gamme, il est préférable d'infuser le thé à 65 °C.

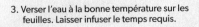
3. Verser l'eau à la bonne température sur les feuilles. Laisser infuser le temps requis.

4. Retirer le filtre ou transvider la liqueur dans un autre récipient. Déguster.

CONCENTRER LES SAVEURS

Suivant l'adage qui dit que «plus petite est la théière, meilleur est le thé», la Chine et le Japon ont chacun développé une méthode pour optimiser le goût des thés verts.

À la base, le principe est le même : effectuer de courtes infusions d'une grande quantité de feuilles dans un petit volume d'eau pour en concentrer les saveurs. En plus d'amplifier le goût du thé et d'en révéler à chaque infusion de nouvelles nuances, ces méthodes de préparation laissent place à de nombreuses variantes qui donnent à celui ou à celle qui les utilise toute la liberté nécessaire pour adapter le goût du thé à ses préférences. Alors qu'en Chine on utilise le *gaiwan*, la technique employée au Japon s'appelle *senchado*.

TECHNIQUE CHINOISE

Le *gaiwan*, ou *zhong*, est l'instrument de prédilection pour l'infusion de thés verts chinois. On l'utilise en Chine depuis la fin de la dynastie Ming (1368-1644) et, même si de nos jours il est moins populaire pour l'infusion des thés verts, il est encore couramment employé par les amateurs. Traditionnellement, on boit la liqueur à même le *gaiwan* en utilisant le couvercle pour retenir les feuilles. En dégustation, la technique consiste plutôt à contrôler l'infusion en transvidant la liqueur dans une tasse, une fois qu'elle est prête.

PRÉPARATION DU THÉ EN GAIWAN

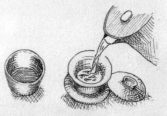

1. Réchauffer le *gaiwan* quelques secondes en y versant de l'eau chaude, puis le vider. Déposer dans le *gaiwan* environ 3 à 5 g de thé (1 à 2 c. à thé).

2. Verser sur les feuilles l'eau à la température requise.

Infusion en gaiwan (zhong)	Dosage / gaiwan	Température	Durée d'infusion	Remarque
Thé vert chinois à petites feuilles	1 à 2 c. à thé (2,5 à 5 g)	75 à 85 °C	1re : 10 s 2e : 10 s 3e : 20 s	La durée d'infusion peut varier en fonction de la quantité de feuilles utilisées et du volume du gaiwan.
Thé vert chinois à grandes feuilles	1 ½ à 3 c. à thé (3 à 6 g)	75 à 85 °C	1re : 20 s 2e : 20 s 3e : 40 s	

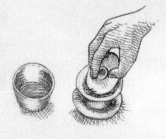

3. Laisser infuser de 10 à 45 secondes.

4. Transvider la liqueur dans une tasse. Déguster. Répéter les infusions en variant le temps selon l'intensité désirée.

TECHNIQUE JAPONAISE

Au Japon, avec l'apparition du thé en feuilles au XVIIe siècle, une nouvelle façon de le boire s'est imposée. Jusqu'alors, le thé dégusté dans l'archipel était réduit en poudre – on connaît aujourd'hui ce thé sous le nom de «matcha». Il était préparé selon un code strict que des maîtres de thé influents avaient établi pour la cérémonie. Cherchant une approche moins formelle, de nombreux amateurs trouvèrent avec l'infusion du thé en feuilles une façon de se libérer de ces contraintes.

Si, à l'origine, cette méthode d'infusion était exempte de règles précises, elle se codifia néanmoins au cours du XIXe siècle pour finalement se figer dans une cérémonie appelée *senchado*, ou «voie du sencha». La technique que nous proposons ici en est un abrégé.

PRÉPARATION DU THÉ EN *SENCHADO*

1. Réchauffer la théière quelques secondes en y versant de l'eau chaude, puis la vider. Déposer de 3 à 5 g de thé dans la théière.

2. Pour obtenir la quantité exacte d'eau à infuser (environ 100 ml), remplir d'abord le bol pour ensuite le transvider dans la théière.

Infusion en *senchado*	Dosage / 100 ml	Température	Exemple de durée d'infusion	Remarque
Thé vert japonais	1 à 2 c. à thé (3 à 5 g)	65 à 75 °C	1re : 15 s 2e : 5 s 3e : 10 s	Le temps d'infusion peut varier selon le type et la quantité des feuilles utilisées.

3. Verser l'eau (entre 65 et 75 °C) sur les feuilles et attendre environ 15 secondes.

4. Verser le contenu dans un bol. Bien vider la théière pour ne pas que l'infusion se poursuive. Déguster. Répéter les infusions en variant le temps selon l'intensité désirée.

2. FLÉTRISSAGE

Tout de suite après la cueillette, les feuilles sont dirigées vers la fabrique où a lieu le flétrissage. Cette étape sert principalement à réduire le taux d'humidité dans les feuilles. Plusieurs facteurs, dont la température ambiante ou l'utilisation de ventilateurs, en influencent la durée.

1. CUEILLETTE

Pour les thés verts, la cueillette se compose généralement du bourgeon terminal, plus la ou les deux feuilles qui le suivent. Au Japon, cette cueillette est mécanisée, alors qu'en Chine elle se fait principalement à la main.

3. DESSICCATION

La dessiccation consiste à chauffer les feuilles jusqu'à ce que les enzymes responsables de l'oxydation soient dénaturés. Au Japon, on utilise de la vapeur d'eau, mais dans les autres pays producteurs on se sert de cuves ou de cylindres en métal chauffés au feu de bois ou à l'électricité.